UNE ŒUVRE
UN PARCOURS

Mme de Lafayette

La Princesse de Clèves

PARCOURS Individu, morale et société

Laure Helms
Agrégée de Lettres modernes

Nathan

Sommaire

REPÈRES

L'œuvre et le parcours associé

L'ŒUVRE

LE PARCOURS ASSOCIÉ

Individu, morale et société

ISBN : 978 209 186492-1

Objectif BAC

Méthode

Apprendre et réviser

La dissertation

L'oral

REPÈRES

Mme de Lafayette

1 L'auteur

→ Une formation très complète

• **Marie-Madeleine Pioche de la Vergne naît à Paris le 18 mars 1634**, dans une famille de petite noblesse. Son père est simple écuyer du roi, mais il bénéficie de la faveur du cardinal de Richelieu, ce qui lui assure une vie assez confortable. Il meurt cependant en 1649, et la mère de Marie-Madeleine épouse en secondes noces le chevalier Renaud de Sévigné, un noble qui a le goût des Belles-Lettres. De son côté, grâce à sa marraine, la jeune fille devient à quinze ans demoiselle d'honneur d'Anne d'Autriche, qui occupe les fonctions de Régente durant la minorité du roi Louis XIV.

• **Le beau-père de Marie-Madeleine se compromet cependant durant la Fronde** (voir p. 7), et toute la famille est contrainte de s'éloigner de Paris en 1652. Durant les années qu'elle passe en province, la jeune fille complète sa culture littéraire, en lisant notamment les romans galants de Mlle de Scudéry. Elle correspond par ailleurs avec ses amis parisiens, et notamment avec Gilles Ménage, un érudit et poète mondain. Ce dernier joue un rôle important dans la formation de la jeune Marie-Madeleine, en l'initiant notamment au latin, à l'italien, à l'espagnol et à l'histoire. Elle reçoit ainsi une formation exceptionnelle pour une jeune fille de son époque.

→ Mariage, vie en province et retour à Paris

• **En 1655, de retour à Paris, la jeune femme épouse le comte François de Lafayette**, un homme nettement plus âgé qu'elle, qui appartient à la haute noblesse. Il s'agit d'un mariage arrangé, qui lui permet d'acquérir un nom prestigieux et un patrimoine qu'elle s'efforcera de conserver toute sa vie, malgré de nombreux procès liés à des questions d'héritage. Prudente et avisée dans le domaine des affaires, celle qui a désormais le titre de comtesse de Lafayette parvient à faire fructifier cette fortune familiale qu'elle transmettra à ses deux fils, Louis et Armand.

• **Son mari n'appréciant guère la vie mondaine, le couple s'éloigne de la capitale, et s'installe en Auvergne**, sur les terres du comte. La jeune femme s'ennuie cependant, finit par revenir seule à Paris et fréquente assidûment les salons littéraires de l'époque. Elle se lie notamment en 1662 avec la marquise du Plessis-Guénégaud, qui reçoit à l'hôtel de Nevers les figures intellectuelles les plus brillantes de son époque, parmi lesquelles Pascal, Racine et La Rochefoucauld.

• **Mme de Lafayette reçoit également de nombreux lettrés dans son propre salon**, qui devient « le plus joli lieu du monde pour l'esprit à Paris », selon le témoignage de Mme de Sévigné. Enfin, la comtesse est proche de la jeune Henriette d'Angleterre, l'épouse de celui que l'on nomme « Monsieur », le frère du roi Louis XIV. À partir de 1661, grâce à Henriette d'Angleterre, Mme de Lafayette fréquente ainsi la cour et rencontre le roi lui-même. Elle découvre un monde d'intrigues et de faux-semblants, où le paraître importe plus que tout.

→ De *La Princesse de Montpensier* à *Zaïde*

• **En 1662, Mme de Lafayette publie anonymement *La Princesse de Montpensier***, une nouvelle historique qui remporte un succès immédiat, notamment en raison de sa concision et de son efficacité. Cette œuvre a été écrite en collaboration avec Gilles Ménage, qui est devenu un ami proche.

• **La jeune femme noue également une relation étroite avec le moraliste La Rochefoucauld**, qui publie un recueil de *Maximes* en 1665. C'est en partie pour divertir le duc, qui apprécie les œuvres romanesques, que Mme de Lafayette écrit *Zaïde* (1669-1671), un roman situé dans l'Espagne du IXe siècle. L'œuvre est publiée en deux parties sous le nom de Jean de Segrais, un poète et traducteur devenu le secrétaire personnel de Mme de Lafayette.

Citation à retenir

« Jamais femme, sans sortir de sa chambre, n'a fait de si bonnes affaires… Elle a cent bras, elle atteint partout […]. »

Mme de Sévigné à propos de Mme de Lafayette.

Le saviez-vous ?

Mme de Lafayette ne souhaite pas que le public perce le secret de ses publications anonymes. Elle conjure ainsi son ami Ménage de démentir les rumeurs qui suggèrent qu'elle pourrait être l'auteur de *La Princesse de Montpensier*.

Le saviez-vous ?

Les moralistes sont des auteurs qui observent les mœurs de leur temps pour en faire la peinture critique, tout en poursuivant une réflexion sur la nature humaine. Le XVIIe siècle compte de nombreux moralistes, comme Pascal, La Rochefoucauld, ou Mme de Lafayette elle-même.

Citation à retenir

« On est partagé sur ce livre-là, à se manger ; les uns en condamnent ce que les autres en admirent. »

Lettre de Mme de Lafayette au chevalier de Lescheraine, 13 avril 1678.

• **À la suite de la mort brutale d'Henriette d'Angleterre en 1670, Mme de Lafayette cesse de fréquenter la cour,** et vit dans une demi-retraite, en se partageant entre son hôtel particulier à Paris et sa maison de campagne en province. Elle apprécie de plus en plus la vie solitaire, le « repos » par ailleurs favorable à la méditation religieuse.

Citation à retenir

« Paris me tue. J'aime bien mieux ne voir guère de gens que d'en voir de fâcheux. Je ne vois personne, je ne m'en soucie point du tout. »

Correspondance.

→ Le succès de *La Princesse de Clèves*

• **À partir de 1672, Mme de Lafayette travaille à une œuvre qu'elle songe d'abord à intituler *Le Prince de Clèves*.** La Rochefoucauld et Segrais suivent de près la rédaction de l'ouvrage, en donnant à l'auteur différents avis et conseils. Lors de sa parution anonyme en 1678, *La Princesse de Clèves* suscite un engouement très vif, et se trouve rapidement au cœur de débats passionnés concernant le genre de l'œuvre ainsi que la vraisemblance de certaines scènes. La scène de l'aveu de la princesse à son mari déconcerte notamment les lecteurs.

• **Les dernières années de la vie de l'auteur sont marquées par une série de deuils.** Le duc de La Rochefoucauld meurt en 1680, et trois années plus tard, le comte de Lafayette disparaît à son tour. Tout en rédigeant ses *Mémoires de la cour de France pour les années 1688 et 1689*, qui seront publiées à titre posthume en 1731, Mme de Lafayette se retire de toute vie mondaine. Elle mène une existence de plus en plus solitaire et meurt en 1693.

2 Le contexte historique

→ Louis XIV et la mise en place de la monarchie absolue

• En 1678, lorsque paraît *La Princesse de Clèves*, **le règne de Louis XIV est à son apogée.** Né en 1638, Louis XIV a cinq ans à la mort de Louis XIII, c'est donc sa mère Anne d'Autriche qui assure **la Régence**, en s'appuyant notamment sur le cardinal Mazarin. Cette période est marquée par **la Fronde** (1648-1653), un soulèvement des parlementaires parisiens et des grands seigneurs qui protestent notamment contre d'importantes levées d'impôts.

• Le jeune Louis XIV est profondément marqué par ces années de troubles, et il s'efforcera par la suite de **renforcer le pouvoir royal**, tout en prenant soin d'installer le gouvernement et la cour à l'extérieur de Paris.

• Lorsque Mazarin meurt en 1661, **Louis XIV décide de gouverner par lui-même**, en s'entourant d'un nombre restreint de ministres, essentiellement des bourgeois récemment anoblis qui dépendent de la faveur royale. Colbert est ainsi nommé contrôleur général des Finances, et Louvois ministre de la Guerre. Ces ministres conseillent le roi, mais en définitive, le roi décide seul. De 1661 à sa mort en 1715, Louis XIV exerce ainsi pleinement ce qu'il appelle lui-même le « métier de roi », en s'appuyant sur la conviction qu'il est un **monarque de droit divin**, maître absolu de ses sujets.

→ Les fastes de la cour du Roi-Soleil

• Louis XIV, surnommé **le Roi-Soleil**, organise autour de lui une cour nombreuse, fréquentée par des nobles qui sont contraints de quémander auprès de lui des charges, des pensions ou des places avantageuses. **Cette cour très hiérarchisée** s'installe progressivement au château de Versailles, qui n'était au départ qu'une modeste résidence de campagne construite par Louis XIII.

• En 1660, Louis XIV décide de s'approprier le domaine de Versailles pour en faire sa résidence royale. Il ordonne des **travaux très coûteux** qui se poursuivent jusqu'en 1710, bien après l'installation de la cour à Versailles. Ils sont coordonnés par les plus grands architectes de l'époque, **Louis Le Vau** et **Jules Hardouin-Mansart**, ainsi qu'**André Le Nôtre** pour

Citation à retenir

À la mort de Mazarin, Louis XIV aurait affirmé :
« L'État, c'est moi. »

Le saviez-vous ?

Un monarque de droit divin considère qu'il est investi par Dieu et que son pouvoir émane d'une volonté toute-puissante. Il n'a donc pas de compte à rendre aux autres hommes.

Le saviez-vous ?

Le château de Versailles a remplacé le pavillon de chasse rudimentaire que Louis XIII avait fait construire dans les années 1620 pour son loisir. Cette modeste bâtisse, parfois surnommée « le chétif château », était entourée de marais et de forêts.

Le saviez-vous ?

En mai 1664, Louis XIV organise une semaine de fêtes, *Les Plaisirs de l'île enchantée*, qu'il présente comme un hommage à sa mère et à sa femme. En réalité, il s'agit pour lui de célébrer sa nouvelle favorite, Louise de La Vallière.

les jardins. C'est dans ce cadre somptueux que Louis XIV fait donner de **nombreuses fêtes**, qui lui permettent de mettre en scène le prestige de son règne.

• La vie du roi et de sa famille, réglée par un cérémonial complexe, est chaque jour offerte en spectacle à des centaines de courtisans. **Marié à Marie-Thérèse d'Autriche** en 1660 pour des raisons de politique étrangère, Louis XIV a de nombreuses favorites : la duchesse de La Vallière, la marquise de Montespan et la duchesse de Fontanges ne sont que les plus célèbres d'entre elles. Après la mort de Marie-Thérèse en 1683, Louis XIV **épouse en secret Madame de Maintenon**, et mène sous son influence une vie plus austère jusqu'à sa mort en 1715.

3 Le contexte culturel

→ La vogue du roman-fleuve

• Au cours de la première partie du XVIIe siècle, le roman-fleuve se développe en France : **des œuvres de plusieurs milliers de pages** remportent un succès important auprès du public lettré. *L'Astrée*, roman pastoral d'Honoré d'Urfé, paraît ainsi en cinq parties entre 1607 et 1627. Cette somme romanesque met en scène plus de deux cents personnages, essentiellement **de beaux bergers et de belles bergères** qui ont choisi la campagne pour vivre dans la douceur et la proximité de la nature. Tous ces héros, parés de grandes qualités physiques et morales, consacrent leur existence aux **raffinements du cœur et de l'esprit**, exposés au fil d'une **intrigue pleine de rebondissements**, qui multiplie les **récits enchâssés**.

• Quelques années plus tard, les romans de Mlle de Scudéry prolongent cette vogue en la nourrissant de l'**évocation d'exploits guerriers**, accomplis par de grands héros de l'Antiquité. ***Artamène ou le Grand Cyrus***, publié entre 1649 et 1653, est ainsi **le plus long roman de la littérature française** : avec plus de treize mille pages dans l'édition originale, il comporte une dizaine de volumes et près de quatre cents personnages, au sein d'une **intrigue extrêmement complexe**, elle aussi riche en **récits secondaires**.

→ Développement de l'esthétique précieuse

• *Le Grand Cyrus*, tout comme *Clélie* et d'autres romans publiés au cours de ces mêmes années, font l'objet de **discussions** et d'**échanges entre lettrés**, en amont et en aval de leur publication. La production de ces œuvres est ainsi étroitement liée au **développement de cercles littéraires**, où des aristocrates épris de raffinement et de culture se retrouvent régulièrement.

• Ces **salons**, très souvent **animés par des femmes**, sont des **lieux essentiels de la vie culturelle au XVIIe siècle** : on y commente les parutions des auteurs à la mode, les nouvelles pièces de théâtre, et l'on y écrit volontiers, à plusieurs mains, des poèmes de circonstance, des maximes, voire des textes plus élaborés.

• La noblesse de cette époque, écartée du pouvoir par la monarchie absolutiste, développe ainsi des pratiques sociales et culturelles nouvelles, fondées non plus sur la toute-puissance des armes, mais sur le **partage de codes communs, élitistes et raffinés**, notamment dans le domaine des œuvres de l'esprit. C'est ce qu'on appelle la **Préciosité**, qui n'est ni une école ni un mouvement structuré, mais un courant qui repose sur un **partage de pratiques et de valeurs**.

• La **carte de Tendre**, représentation allégorique des sentiments amoureux insérée dans le premier tome de *Clélie*, constitue une illustration intéressante de cette **codification à l'œuvre chez les Précieuses** : cette gravure représente un pays imaginaire, traversé par trois fleuves, qui constituent trois chemins différents pour se rendre du village de Nouvelle-Amitié à celui de Tendre.

→ Développement d'une esthétique de la mesure et de la sobriété

• À partir des années 1660, le public commence cependant à se lasser des intrigues longues et touffues, pleines de péripéties invraisemblables, qui caractérisent les romans précieux. Ils sont ainsi l'objet de critiques de plus en plus nombreuses, voire de railleries, notamment de la part des doctes. Les lecteurs apprécient davantage les œuvres fondées sur un **idéal de mesure**, de **sobriété**, ainsi que sur le **respect de la vraisemblance**, ce qui correspond à ce que l'on appellera *a posteriori* le **classicisme**.

Le saviez-vous ?

Les Précieuses ont joué un rôle non négligeable dans l'évolution de la langue française, en proposant notamment une simplification de l'orthographe de certains mots : c'est grâce à elles que le mot « autheur » est devenu « auteur », ou que le verbe « respondre » s'écrit à présent « répondre ».

La carte de Tendre, École française (1656), collection particulière.

→ La nouvelle historique

- Pour ce qui concerne les textes narratifs, le public privilégie alors la **nouvelle historique**, un genre qui se fonde sur la **recherche de la concision** et de la **vraisemblance** : les **événements rapportés** y sont présentés comme **récents et crédibles**, à l'opposé du romanesque et des fantaisies du roman précieux. **Jean de Segrais**, un proche de Mme de Lafayette, publie en 1656 un recueil de *Nouvelles françaises*, accompagné d'une réflexion théorique sur la nouvelle, définie par opposition au roman.
- Un des premiers chefs-d'œuvre du genre est ***La Princesse de Montpensier*** que Mme de Lafayette fait paraître en 1662, **sans nom d'auteur**.
- *La Princesse de Clèves*, une quinzaine d'années plus tard, s'inscrit à son tour dans cette continuité. Avec ses deux cents pages à peine, elle appartient en effet au genre de la nouvelle historique. L'auteur souligne d'ailleurs que *La Princesse de Clèves*, à la différence d'autres romans publiés à son époque, n'a « **rien de romanesque et de grimpé** », autrement dit, d'artificiel.

Le saviez-vous ?

Du latin *classicus* (« citoyen de la classe la plus fortunée »), **le mot « classique »** a ensuite désigné l'écrivain exemplaire qui doit à ce titre être étudié dans les classes. Puis le terme a été utilisé pour faire référence d'une part aux auteurs de l'Antiquité dignes d'être imités, et d'autre part aux auteurs français du XVIIe siècle qui ont défendu le respect et l'imitation des Anciens.

Quiz

1. **Quel roi gouverne la France lorsque paraît *La Princesse de Clèves* ?**
2. **Quel type de roman est à la mode au début du XVIIe siècle ?**

L'œuvre et le parcours associé

L'ŒUVRE *La Princesse de Clèves*

LE PARCOURS ASSOCIÉ

Individu, morale et société

L'ŒUVRE

1 Pour entrer dans l'étude

A *La Princesse de Clèves* dans l'histoire littéraire

Citation à retenir

« L'auteur n'a pu se résoudre à se déclarer. [...] Il demeure donc dans l'obscurité où il est, pour laisser les jugements plus libres et plus équitables. »

Le libraire au lecteur.

→ Une publication anonyme

• Le nom de Mme de Lafayette figure en tête de l'œuvre dans toutes nos éditions modernes. Pourtant, **la comtesse n'a pas signé ce roman**, non plus que ses œuvres antérieures. Lorsque le texte paraît en mars 1678, il est simplement accompagné d'un **avis du libraire**, qui signale que l'auteur n'a pas souhaité se faire connaître du public.

• Ainsi, le nom de l'auteur n'apparaît pas sur la page de titre de l'œuvre avant 1780. Plus encore, Mme de Lafayette **refuse catégoriquement de reconnaître qu'elle est l'auteur** du texte, alors que certains de ses contemporains n'hésitent pas à le lui attribuer. Ces lecteurs suggèrent également que Mme de Lafayette aurait bénéficié de conseils et de relectures de la part d'amis proches, tels que La Rochefoucauld ou Segrais, ce qui pourrait en partie expliquer le scrupule de la comtesse à publier le roman sous son seul nom.

→ Une pratique courante cependant

• Rappelons que **la pratique de l'anonymat n'a cependant rien d'exceptionnel** chez les aristocrates de cette époque, notamment pour ce qui concerne les romans. En effet, il apparaît inconvenant qu'une personne issue de la noblesse, qui plus est une femme, revendique le statut d'auteur de profession à travers un genre jugé aussi frivole que le roman.

Un succès et une querelle littéraire

• Dès sa publication en 1678, *La Princesse de Clèves* suscite un **engouement important** : il s'agit en effet du plus grand succès de librairie de la fin du XVIIe siècle. Fait nouveau pour l'époque, cette publication s'est d'ailleurs accompagnée d'une véritable **campagne de presse**, organisée par le ***Mercure Galant***, un mensuel littéraire apprécié de l'aristocratie mondaine.

• Quelques semaines après la publication, le même mensuel organise une **enquête** auprès de ses lecteurs, à propos de la **scène d'aveu**, qui était largement commentée et discutée dans les salons. Le *Mercure Galant* propose ainsi au public une « **question galante** », que l'on peut résumer ainsi : est-il vraisemblable qu'une princesse avoue à son mari sa passion pour un autre homme ?

Une « question galante »

• Le journal reçoit de nombreuses réponses, qui sont publiées dans les numéros suivants. Parmi celles-ci, on peut notamment lire la lettre du **philosophe Fontenelle**, qui juge l'épisode « admirable et très bien préparé ».

• Tous les lecteurs ne partagent pas le point de vue de Fontenelle. **Bussy-Rabutin**, un auteur libertin, se montre quant à lui **très critique à l'égard de cet aveu**, qu'il juge « extravagant » et même « ridicule ».

• La même année, une publication anonyme transforme le débat sur la vraisemblance de certaines scènes du roman en **querelle littéraire**. Les *Lettres à Mme la Marquise *** sur le sujet de La Princesse de Clèves*, que l'on attribue d'ordinaire à Valincour, reprochent en effet à l'auteur de l'œuvre d'avoir joué avec le genre de la nouvelle historique, sans en respecter totalement les règles. C'est notamment le **mélange de personnages historiques et de personnages fictifs** que Valincour critique dans le roman.

• Ainsi, la publication de *La Princesse de Clèves* donne lieu à de **vifs débats** concernant la **vraisemblance** et le **rapport à l'Histoire**, questions qui jouent un rôle central dans l'appréhension et la **définition du genre romanesque**.

Citations à retenir

« […] c'est la plus vertueuse femme du monde, qui croit avoir sujet de se défier d'elle-même, parce qu'elle sent son cœur prévenu malgré elle en faveur d'un autre que son mari. Elle se fait un crime de ce penchant, tout involontaire et tout innocent qu'il soit, elle cherche du secours pour le vaincre. […] Je ne vois rien à cela que de beau et d'héroïque. »

Lettre de Fontenelle au *Mercure Galant*, mai 1678.

« Une femme dit rarement à son mari qu'on est amoureux d'elle, mais jamais qu'elle a de l'amour pour un autre que lui. »

Lettre de Bussy-Rabutin à Mme de Sévigné, 29 juin 1678.

B Parcours associé : Individu, morale et société

→ L'intitulé du parcours associé

• **Les trois notions** qui composent l'intitulé du parcours, « individu, morale et société » **entrent** volontiers **en tension**, notamment la première et la dernière : tout oppose à première vue l'être individuel (autrement dit, et en se rapportant à l'étymologie du terme, l'être indivisible) à la société, qui se définit au contraire comme une association, une réunion de plusieurs personnes distinctes.

• Une véritable société ne peut ainsi se concevoir comme une juxtaposition d'individus obsédés par la satisfaction de leurs besoins et de leur intérêt personnel. Pour être une véritable *association* de personnes, et permettre le développement d'une civilisation et d'une culture, une société doit **se doter de valeurs communes** et tâcher de définir un bien, un idéal à accomplir.

Le saviez-vous ?

Le mot « société » vient du latin *societas*, qui signifie association, communauté, réunion. *Societas* est lui-même dérivé de *socius*, l'associé, le compagnon.

→ La morale, une notion centrale

• C'est ici que peut intervenir la **notion de morale** : dans un premier sens, la morale, c'est en effet **ce qui se rapporte aux mœurs**, aux coutumes et aux habitudes de vie propres à une société. Ces façons de vivre partagées peuvent constituer **un lien entre les différents individus** qui composent cette société.

• Dans un deuxième sens, la morale renvoie aux **principes de conduite** qui favorisent la **recherche d'un bien idéal.** Là encore, la morale indique des règles communes, des limites à ne pas dépasser, qui doivent en principe permettre aux individus de vivre ensemble, en se respectant mutuellement.

• Enfin, dans un dernier sens, la morale est la réflexion philosophique que l'on peut mener au sujet de ces principes qui régissent la conduite humaine, et notamment la vie en société. La **réflexion sur le bien et le mal** est bien entendu au cœur de la morale.

→ L'œuvre dans le parcours associé

• *La Princesse de Clèves* trouve naturellement sa place dans un tel parcours. Le roman de Mme de Lafayette met en effet en scène trois individualités fortes (l'héroïne éponyme, le prince de Clèves et le duc de Nemours) aux prises avec **une société restreinte**, une sorte de huis clos, la cour des Valois, qui se caractérise notamment par l'omniprésence des **rapports de pouvoir entre les individus**. Cette société, harmonieuse en apparence, est minée par le mensonge, la rivalité, et les conflits d'intérêts. Sous des dehors fastueux et brillants, les principes élémentaires de la morale sont loin d'y être toujours respectés...

Réfléchir sur le parcours « Individu, morale et société », c'est donc réfléchir sur l'articulation nécessairement délicate de ces trois notions. Voici les problématiques à travers lesquelles on peut aborder ce parcours :

→ **Comment un individu peut-il s'inscrire dans une société, une association de personnes, sans sacrifier ce qui le définit en propre, ce qui fait de lui un être singulier ?**

→ **Quelle place la société peut-elle accorder aux individualités nécessairement différentes, aux intérêts parfois antagonistes, qui la constituent ?**

→ **Comment la morale, au sens d'habitudes communes de vie aussi bien que de règles de conduite, peut-elle favoriser le lien entre l'individu et la société ?**

Quiz

1. **Quel est le sens étymologique du mot « société » ?**
2. **Qu'est-ce qui caractérise la micro-société que constitue la cour des Valois ?**

2 Résumés

RÉSUMÉ SYNTHÉTIQUE

- En 1558, à la cour des Valois, peu avant le début des guerres de religion, le roi Henri II s'est entouré de brillants princes et de seigneurs de grand mérite. Il aime la compagnie des femmes et les divertissements.
- Une jeune fille, d'une beauté exceptionnelle, fait son apparition à la cour. Sa mère, Mme de Chartres, souhaite lui trouver un époux digne de son rang et de ses qualités. Le prince de Clèves tombe passionnément amoureux d'elle, et demande sa main. La jeune femme, devenue Mme de Clèves, estime son mari, mais ne parvient pas à l'aimer.
- Quelque temps plus tard, elle découvre cependant la passion en rencontrant le duc de Nemours lors d'un bal. Cette fois, le coup de foudre est immédiat et réciproque. Mme de Chartres ne tarde pas à découvrir cette passion naissante, et s'efforce d'avertir la princesse des dangers auxquels elle est exposée. Elle meurt cependant peu de temps après, laissant sa fille seule face à des sentiments qui la dépassent et qu'elle peine à analyser.
- Nemours quant à lui laisse transparaître sa passion, et abandonne toute autre conquête pour se consacrer à la princesse. Mme de Clèves tente de dissimuler ses sentiments, et décide de se retirer dans sa demeure de campagne, à Coulommiers. Le prince la pressant de revenir à Paris, elle finit par lui avouer qu'elle éprouve une passion pour un autre homme que lui, qu'elle refuse cependant de nommer.
- Dévoré par la jalousie, le prince fait espionner le duc de Nemours, qu'il soupçonne d'être l'amant de sa femme. Croyant – à tort – pouvoir conclure à la culpabilité de la princesse, il meurt de chagrin. Mme de Clèves tombe malade à son tour, et s'éloigne définitivement de la cour. Dans une dernière entrevue avec Nemours, elle lui confirme qu'elle a éprouvé pour lui une grande passion, mais elle refuse dans le même temps de céder à ses sentiments. Malgré l'insistance du duc, elle ne revient pas sur sa décision et meurt quelque temps plus tard.

Quiz

1. **Qui est Mme de Chartres ?**
2. **À quelle occasion la princesse de Clèves rencontre-t-elle le duc de Nemours ?**
3. **De quoi meurt le prince de Clèves ?**

RÉSUMÉ DÉTAILLÉ

Mme de Lafayette souhaitait présenter son récit d'un seul tenant. Néanmoins, les éditeurs ont pris l'habitude de le diviser en quatre parties, ce qui peut éclairer la progression de l'œuvre.

PREMIÈRE PARTIE

- Présentation de la cour d'Henri II, fils de François Ier ; portrait du roi et de sa favorite, Diane de Poitiers. « Jamais cour n'a eu tant de belles personnes et d'hommes admirablement faits. » M. de Nemours, « un chef-d'œuvre de la nature » intéresse jusqu'à la reine d'Angleterre, Élisabeth Ire.
- Arrivée à la cour de Mlle de Chartres, « une beauté parfaite ». Rencontre avec le prince de Clèves, qui tombe instantanément amoureux de la jeune fille. Le coup de foudre n'est cependant pas réciproque.
- Après avoir envisagé d'autres alliances, Mme de Chartres accorde la main de sa fille au prince de Clèves. Ils se marient. Les sentiments de la jeune fille ne dépassent cependant pas « ceux de l'estime et de la reconnaissance ».
- Rencontre de Mme de Clèves et du duc de Nemours au bal donné pour les fiançailles de Claude de France avec le duc de Lorraine.
- Naissance de la passion de la princesse pour le duc de Nemours : « il fit en peu de temps une grande impression dans son cœur. » Nemours éprouve pour la princesse une « inclination violente ».

Éléments empruntés à l'Histoire

- Négociations de paix entre la France et l'Espagne pour mettre fin aux guerres d'Italie.
- Mort de Marie Tudor, reine d'Angleterre en 1558. Sa sœur monte sur le trône d'Angleterre.
- Pour consolider la paix avec l'Espagne, mariage de Claude de France, fille du roi, avec le duc de Lorraine (1559).
- Projet de mariage d'Élisabeth de France, fille aînée du roi, avec Dom Carlos, fils de Philippe II d'Espagne. Projet de mariage de la sœur du roi avec le duc de Savoie.
- Les négociations de paix avec l'Espagne se poursuivent à Cateau-Cambrésis (fin février 1559).

▶ Dans le cadre du premier récit enchâssé : nombreuses références au règne de François Ier.

- Mme de Chartres raconte à sa fille l'histoire de la duchesse de Valentinois (premier récit enchâssé. Voir p. 28).
- Mort de Mme de Chartres, qui tente de mettre en garde sa fille contre les progrès des sentiments qu'elle éprouve pour Nemours. Mme de Clèves, très affectée, se retire à la campagne.

DEUXIÈME PARTIE

- M. de Clèves rend visite à sa femme à la campagne, dans la propriété de Coulommiers où elle s'est retirée. Il lui raconte l'histoire de Mme de Tournon (deuxième récit enchâssé).
- Retour de Mme de Clèves à la cour. M. de Nemours lui rend visite, ce qui entraîne un trouble profond chez la princesse. Elle tente de fuir sa présence.
- Débat sur l'astrologie dans les appartements de Catherine de Médicis.
- La reine dauphine raconte à la princesse l'histoire d'Anne de Boulen, mère d'Élisabeth d'Angleterre (troisième récit enchâssé).
- M. de Nemours vole un portrait miniature de Mme de Clèves ; lors d'un tournoi, il se blesse légèrement. Cela suscite une vive émotion chez Mme de Clèves qui le croit gravement blessé.

▶ Signature de la paix entre la France et l'Espagne, en avril 1559 (traité de Cateau-Cambrésis). Les mariages de la sœur du roi avec le duc de Savoie, ainsi que d'Élisabeth de France avec le roi d'Espagne, se préparent. Un grand tournoi est annoncé pour l'été.

- Lecture de la lettre de Mme de Thémines, que Mme de Clèves croit adressée au duc alors qu'elle est destinée au vidame de Chartres. Expérience de la jalousie. Le vidame rend visite à Nemours au sujet de cette lettre, et expose au duc le lien étroit qu'il entretient avec la reine Catherine de Médicis.

TROISIÈME PARTIE

- Suite du récit du vidame (quatrième récit enchâssé).

▶ Mariage par procuration d'Élisabeth de France avec le duc d'Albe, qui représente le roi d'Espagne (22 juin 1559).

- Visite de Nemours à Mme de Clèves pour se justifier au sujet de la lettre de Mme de Thémines. Ils réécrivent de mémoire cette lettre que la reine réclame. Mme de Clèves, qui ne parvient plus à lutter contre sa passion, supplie son mari de la laisser s'éloigner de la cour.
- « Je veux vous faire un aveu que l'on n'a jamais fait à son mari » : Mme de Clèves avoue à son mari qu'elle éprouve

des sentiments pour un autre homme, qu'elle refuse cependant de nommer. Nemours assiste, caché, à toute la scène. M. de Clèves est violemment tourmenté par la jalousie.

- Les Clèves reviennent à Paris. L'aveu de la princesse à son mari est divulgué, à la suite d'une indiscrétion de Nemours.

- Les Clèves ainsi que le duc de Nemours assistent aux mariages princiers. Effervescence à la cour, notamment après la mort accidentelle d'Henri II.

▶ Mort accidentelle d'Henri II, blessé d'un éclat de lance dans l'œil (10 juillet 1559).

▶ Mariage sans cérémonie, durant l'agonie d'Henri II, de Madame, sœur du roi, avec le duc de Savoie.

QUATRIÈME PARTIE

- La cour se réorganise autour des Guise. Le fils aîné d'Henri II, le jeune François, monte sur le trône avec sa femme Marie Stuart. Mme de Valentinois est chassée de la cour.

- Mme de Clèves se dérobe à une visite de Nemours. Douleur et jalousie du prince de Clèves.

- La cour part à Reims pour le sacre de François II.

▶ François II est sacré roi de France à Reims (21 septembre 1559).

- Mme de Clèves se retire une nouvelle fois à Coulommiers, seule. Nemours s'y rend en secret et épie la princesse, mais ne parvient pas à lui parler.

- Le prince de Clèves, à qui l'on rapporte cette visite, s'abandonne à une extrême jalousie. Il tombe malade et meurt. Remords de Mme de Clèves : « Elle se faisait un crime de n'avoir pas eu de la passion pour lui. »

- Mme de Clèves tombe dans une maladie de langueur. Elle mène une existence très solitaire. Lors de leur dernière entrevue, Mme de Clèves refuse d'épouser le duc de Nemours : « Il faut que je demeure dans l'état où je suis. »

- Mme de Clèves séjourne dans une propriété familiale située dans les Pyrénées. Après une douloureuse lutte contre elle-même, elle surmonte sa passion et se retire dans une maison religieuse. « Sa vie, qui fut assez courte, laissa des exemples de vertu inimitables. »

▶ La cour se rend dans le Poitou pour accompagner la reine d'Espagne vers sa nouvelle patrie.

Quiz

1. **Qui est Diane de Poitiers ?**
2. **À quelle occasion la princesse de Clèves fait-elle l'expérience de la jalousie ?**
3. **Combien le roman comprend-il de récits enchâssés ?**

3 Les personnages principaux

A Les caractéristiques des personnages

L'œuvre reprend un schéma traditionnel, celui du triangle amoureux. Autour d'une jeune femme remarquablement belle gravitent deux personnages masculins, qui occupent respectivement les fonctions de mari et d'amant.

La princesse de Clèves

- Mlle de Chartres grandit loin de la cour, et son éducation, austère, est prise en charge par sa mère.
- La perfection physique de Mlle de Chartres est immédiatement soulignée, mais son portrait reste elliptique : nous savons seulement qu'elle a la peau très claire, des cheveux blonds et des traits réguliers.
- Mlle de Chartres appartient à la haute noblesse et elle est la nièce du vidame de Chartres. Elle épouse M. de Clèves, mais n'éprouve à son égard qu'un sentiment de respect : c'est sa rencontre avec le duc de Nemours qui la conduira à la découverte de la passion amoureuse et de ses tourments.
- Au cours de l'intrigue, la personnalité de la princesse évolue nettement : elle peine à décrypter ses émotions dans la première partie du roman, et à dominer sa passion. Cependant, au terme du récit, la princesse parvient à voir clair en elle-même, en se détachant du culte des apparences qui règne à la cour.

Le prince de Clèves

- Le prince de Clèves est le deuxième des trois fils du duc de Nevers. Il est beau, valeureux, et se distingue des autres gens de son âge par sa « prudence ».
- Ce personnage connaît un sort particulièrement tragique : à la suite de son coup de foudre pour Mlle de Chartres, il ne cesse de souffrir, et comprend rapidement qu'il n'a pas réussi à toucher son cœur. Il analyse avec lucidité la relative froideur de la princesse à son égard.
- La scène de l'aveu plonge le prince dans une grande douleur, et l'entraîne dans une jalousie mortifère.

Le duc de Nemours

- Appartenant à une famille de la haute aristocratie, le duc se caractérise physiquement par un « agrément [...] que l'on n'a jamais vu qu'à lui seul ». Très apprécié des femmes de la cour. Sa réputation est telle que la reine d'Angleterre elle-même songe à l'épouser.
- Il s'éprend cependant sincèrement de la princesse de Clèves, et n'hésite pas à tout mettre en œuvre pour franchir les barrières concrètes et symboliques qui le séparent de la jeune femme.
- Nemours vit ainsi sa passion sur un mode différent des deux personnages précédents : peu enclin à analyser ses sentiments, il se situe volontiers dans l'action.

Mme de Chartres

- La mère du personnage éponyme est un personnage important, en dépit de sa mort précoce. C'est elle qui guide les premiers pas de l'héroïne à la cour, en soulignant les dangers de ce milieu clos sur lui-même.
- Mme de Chartres s'efforce de transmettre à sa fille ses valeurs, au premier rang desquelles le goût de la vertu et de la fidélité, en particulier dans les liens du mariage. Elle est en revanche très critique à l'égard de la passion amoureuse, qu'elle associe volontiers au mensonge et à l'excès.
- Mme de Chartres est présentée comme « extrêmement glorieuse », autrement dit, fière et orgueilleuse, défaut qui fait l'objet d'une critique implicite dans la première partie du roman. Elle se montre ainsi très exigeante quant au choix du mari de sa fille, en privilégiant des critères liés à la naissance et au statut de ses prétendants. Finalement, elle ne craint pas de laisser l'héroïne épouser un homme pour lequel elle n'a aucune inclination, ce qui l'expose bien sûr à une découverte plus tardive de la passion amoureuse…

La cour

- La cour d'Henri II joue le rôle d'un personnage collectif. Si l'accent est d'abord mis sur la « magnificence » propre à ce lieu qui concentre « tous les plaisirs » et réunit un « nombre infini de princes et de grands seigneurs d'un mérite extraordinaire », l'on comprend rapidement que la cour est également un monde où règnent les apparences et le mensonge. Les rivalités y sont exacerbées, et les intrigues innombrables, l'enjeu ultime étant toujours d'obtenir la faveur du roi.
- Cette cour est également un lieu où l'on ne cesse de s'épier, et Mlle de Chartres est ainsi placée sous le regard de tous dès son arrivée à la cour. Ce poids des regards, volontiers envieux et médisants, constitue un obstacle évident à la circulation de la parole et à l'expression des sentiments.

Quiz

1. **Quelles sont les principales caractéristiques du personnage éponyme ?**
2. **Qu'est-ce qui distingue le prince de Clèves des autres jeunes gens de son âge ?**
3. **À quel moment meurt Mme de Chartres ?**

B Les relations entre les personnages

- Lien passionnel
- Lien marital
- Lien familial

La cour

- Personnage collectif, omniprésent dans les trois premières parties du roman.
- Lieu des faux-semblants et des luttes de pouvoir.

Catherine de Médicis

- Reine de France.
- Dissimule sa haine pour Diane de Poitiers.
- Fait surveiller le vidame de Chartres, son confident.

Henri II

- Fils de François 1er.
- Roi de France jusqu'à sa mort accidentelle en juillet 1559.
- Amant de la duchesse de Valentinois.

Diane de Poitiers, duchesse de Valentinois

- Favorite du roi Henri II.
- Forte influence sur le roi.
- Haïe par la reine.

Mme de Chartres

- Mère de l'héroïne.
- Incarnation de la rigueur et de la vertu.
- Très forte influence sur la princesse, malgré sa mort précoce.

Le chevalier de Guise

- Tombe amoureux de l'héroïne dès son arrivée à la cour.
- Ne parvient pas à obtenir sa main, mais reste amoureux de la princesse.

La princesse de Clèves

- Personnage éponyme.
- A 15 ans au début du roman.
- Épouse le prince de Clèves, sans l'aimer.
- Rencontre le duc de Nemours au cours d'un bal.
- Tente de maîtriser ses sentiments pour le duc.

Le vidame de Chartres

- Oncle de l'héroïne.
- Ami de Nemours.
- Amant infidèle de Mme de Thémines et de Mme de Martigues.
- Confident de Catherine de Médicis.

Le prince de Clèves

- Mari passionné de la princesse.
- Jaloux du duc de Nemours.
- Meurt de chagrin.

Le duc de Nemours

- Réputation de séducteur.
- Passion pour Mme de Clèves qu'il n'arrive pas à conquérir.
- Son amour s'éteint à la fin du roman.

4 Les thèmes de l'œuvre

A Les désordres de la passion

Le roman de Mme de Lafayette laisse une place importante à l'analyse de la passion amoureuse, qui est dans l'ensemble présentée comme une puissance irrationnelle et dangereuse.

→ Naissance de la passion

- **L'étude de la passion et de ses effets** se concentre essentiellement sur le personnage éponyme, dont les réactions sont analysées avec minutie, notamment après sa rencontre avec le duc de Nemours. Auparavant, le mariage avec le prince de Clèves, pourtant passionnément épris de la jeune femme, n'a pas permis d'éveiller des sentiments profonds chez le personnage.
- C'est donc **la rencontre avec Nemours**, quelques semaines plus tard, qui permet à la princesse de faire l'expérience de ce **bouleversement émotionnel**. Cependant, la naissance de la passion chez le personnage s'accompagne immédiatement d'une perte de contrôle de soi. Nemours est également saisi par l'apparition de Mme de Clèves, et ressent aussitôt pour elle une « inclination violente », qui échappe à tout contrôle de la raison.

→ L'impossible maîtrise de soi

- C'est presque **malgré elle**, et à retardement, que Mme de Clèves finit par **prendre conscience de sa passion** pour Nemours. Sa mère quant à elle comprend rapidement le danger qui menace sa fille, en raison du silence même que celle-ci garde sur le sujet.
- La princesse se laisse toujours devancer par ses impressions ou par la circonstance, notamment au cours de la scène du vol du portrait, où l'audace de Nemours la laisse sans voix. À plusieurs reprises, Mme de Clèves comprend après-coup qu'elle **ne maîtrise plus ses émotions**, et parfois l'expression de son visage lui-même.

Citation à retenir

« Il y a déjà longtemps que je me suis aperçue de cette inclination ; mais je ne vous en ai pas voulu parler d'abord, de peur de vous en faire apercevoir vous-même. »

Mme de Chartres à sa fille, sur son lit de mort.

➔ La jalousie, « le plus grand de tous les maux »

• **En présence du duc**, la princesse perd toute sérénité. Or la jeune femme a en horreur ces bouleversements intérieurs, notamment lorsqu'ils sont liés à la jalousie, dont elle fait la cruelle expérience en lisant la lettre égarée de Mme de Thémines.

• Lorsqu'elle s'adresse une dernière fois à Nemours à la fin du roman pour justifier son refus de l'épouser, elle souligne ainsi qu'elle a souffert de « si cruelles peines » en lisant cette lettre, qu'il lui en est resté « une idée qui [lui] fait croire que c'est le plus grand de tous les maux ». Plus largement, cette jeune femme qui aspire à se contrôler souffre d'être poursuivie par **l'image obsédante de Nemours**, malgré ses tentatives pour s'en détacher. Il lui arrive ainsi d'être sur le point de haïr celui qu'elle aime, tant cette **aliénation** lui semble **difficile à supporter**.

• Le prince de Clèves, après la scène de l'aveu, est lui aussi confronté aux **tourments de la jalousie** et aux contradictions de la passion. Il en vient à haïr sa femme tout en continuant de l'aimer : Mme de Lafayette souligne l'instabilité de la passion.

Citation à retenir

« Je vous adore, je vous hais, je vous offense, je vous demande pardon ; je vous admire, j'ai honte de vous admirer. Enfin il n'y a plus en moi ni de calme ni de raison. »

M. de Clèves à son épouse.

➔ Différents visages de la passion

• À travers les personnages secondaires du roman, l'auteur représente également, quoique de manière plus elliptique, **d'autres modalités de la passion amoureuse** : le vidame de Chartres, qui multiplie les conquêtes féminines, incarne l'inconstance du désir, tandis que l'amour durable du roi Henri II pour sa favorite, pourtant infidèle et bien plus âgée que lui, apparaît totalement irrationnel. Mme de Tournon quant à elle, sous des airs de veuve éplorée, n'hésite pas à tromper ses amants pour tenter de poursuivre deux liaisons à la fois, suscitant le désespoir de Sancerre…

• **La passion, associée au désordre**, au mensonge, et à la corruption des cœurs, est donc présentée sous un jour très négatif dans le roman. Cette conception rejoint celle que d'autres auteurs, rattachés au courant janséniste, développent à la même époque.

Citation à retenir

« Il vit qu'elle était seule ; mais il la vit d'une si admirable beauté qu'à peine fut-il maître du transport que lui donna cette vue. »

M. de Nemours dans le parc de Coulommiers.

➜ L'influence du jansénisme

• Ce **courant religieux, politique et philosophique** s'appuie sur un christianisme rigoureux, inspiré d'une relecture des textes de saint Augustin (354-430), dont les principes sont récapitulés dans l'*Augustinus*, un ouvrage publié par l'évêque hollandais Jansénius en 1640. On y trouve notamment l'idée que seule la grâce divine pourrait assurer le salut de l'homme, dont la nature serait définitivement entachée par le péché originel. Pascal, Racine et La Rochefoucauld sont marqués par ce courant de pensée, et soulignent eux aussi le caractère destructeur de la passion, qui conduit à une perte de lucidité et de maîtrise de soi.

Quiz

1. **Quels bouleversements la rencontre avec le duc de Nemours provoque-t-elle chez la princesse ?**
2. **Quel type d'amant représente le vidame de Chartres ?**

B L'analyse de soi

➜ La multiplication des soliloques

• Les **soliloques** de l'héroïne ont un temps de retard sur les manifestations de sa passion, et sont souvent marqués par une **forte culpabilité** à l'égard du prince. Les moments d'introspection de la princesse se traduisent, sur le plan stylistique, par de longues phrases introduites par des formules comme « elle trouvait que… », « elle pensait que… ». La multiplication des propositions subordonnées met alors en évidence la complexité des sentiments qui traversent la princesse, tourmentée par une contradiction profonde entre sa vertu et ses désirs.

Le soliloque

▶ Un soliloque est un discours qu'une personne seule se tient à elle-même.

Citation à retenir

« […] elle trouvait qu'elle était d'intelligence avec monsieur de Nemours, qu'elle trompait le mari du monde qui méritait le moins d'être trompé, et qu'elle était honteuse de paraître si peu digne d'estime aux yeux même de son amant. »

La Princesse de Clèves, à propos du personnage éponyme.

• Le modèle de ces soliloques est à chercher du côté de l'**examen de conscience**, tel qu'il est recommandé par les directeurs spirituels[1] de l'époque. Cet examen devait en principe précéder la confession au prêtre, elle-même suivie de prières et de pénitences. Ainsi, lorsqu'elle souhaite réfléchir sur elle-même, la princesse commence toujours par se retirer dans un lieu situé à l'écart de l'agitation de la cour (son cabinet, sa chambre, et aussi souvent que possible, Coulommiers). L'examen de conscience, où alternent moments de lucidité et d'aveuglement, se clôt le plus souvent par la **résolution de ne plus céder à la tentation**, ainsi que par le regret de ne pas donner à son mari tout l'amour qu'il mériterait…

Citation à retenir

« Je suis vaincue et surmontée par une inclination qui m'entraîne malgré moi : toutes mes résolutions sont inutiles. »

Mme de Clèves, s'adressant à elle-même.

→ Les limites de l'analyse de soi

• À travers ces soliloques, Mme de Clèves tente de suivre les mutations qui s'opèrent en elle, sans parvenir cependant à en prendre le contrôle. La passion progresse toujours plus rapidement que l'analyse, et la raison est ainsi systématiquement mise en échec. Le seul remède trouvé par la princesse est l'**éloignement définitif** du duc de Nemours.

• Les soliloques ne sont cependant pas réservés à l'héroïne éponyme. La jalousie de M. de Clèves fait aussi l'objet d'analyses précises, ainsi que la passion de Nemours, même si ce dernier prend moins souvent, et moins longuement, le temps de revenir sur lui-même.

Quiz

1. **À quoi servent les soliloques chez le personnage de la princesse de Clèves ?**
2. **Quels procédés stylistiques caractérisent l'écriture de ces soliloques ?**

1. **Ou directeurs de conscience :** personnes qui guident les chrétiens dans la pratique de leur foi.

C La représentation de l'Histoire

Contrairement aux romans baroques de la première moitié du siècle, situés dans une Antiquité idéalisée, l'œuvre de Mme de Lafayette prend pour cadre le milieu du XVIe siècle, une période relativement récente pour les lecteurs de l'époque, et s'appuie sur un travail de documentation important.

→ Une chronologie précise

- Le roman s'intègre dans **un contexte historique précis** : l'intrigue s'ouvre en novembre 1558, comme l'indique dès les premières pages la référence aux négociations de Cercamp, qui préparent un traité de paix mettant fin aux guerres d'Italie, et elle se poursuit jusqu'en novembre 1559, avant de se clore par un épilogue plus flou sur le plan des références temporelles.
- Pour l'essentiel, l'intrigue couvre donc une année, **de novembre 1558 à novembre 1559**, ce qui correspond aux derniers mois du règne d'Henri II, et au début de celui de son fils aîné, François II. La chronologie des événements les plus importants de cette période est rigoureusement respectée, ce qui permet d'ancrer l'œuvre dans une temporalité objective et vérifiable.

→ Un moment de bascule de l'Histoire de France

- C'est sur **la fin du règne des Valois** que se concentre Mme de Lafayette. La France est alors à un moment de transition de son histoire : le long règne de François Ier (1515-1547) a permis de moderniser l'État et de centraliser la gestion administrative du royaume. François Ier a fait embellir ou construire une douzaine de châteaux sur les bords de la Loire et a développé la vie à la cour. Protecteur des arts et des lettres, il contribue largement au développement culturel de cette cour.

Citation à retenir

« Le goût que le roi François Ier avait eu pour la poésie et pour les Lettres régnait encore en France ; et le roi son fils aimant tous les exercices du corps, tous les plaisirs étaient à la cour. »

Citation à retenir

« La magnificence et la galanterie n'ont jamais paru en France avec tant d'éclat que dans les dernières années du règne de Henri second. »

Première phrase de *La Princesse de Clèves*.

• **Son fils Henri II, qui lui succède en 1547**, renforce encore le pouvoir royal et accentue le raffinement de la vie à la cour. Il parvient à mettre un terme aux guerres d'Italie entreprises par son père. Cependant, dès cette époque, des tensions entre catholiques et protestants menacent la stabilité du royaume. Elles débouchent, peu de temps après la mort d'Henri II, sur les guerres de religion qui ensanglantent la France durant plusieurs décennies.

• **La cour du roi Henri II** est extrêmement raffinée, mais elle apparaît également menacée de l'intérieur par de nombreuses cabales, qui offrent au lecteur un aperçu des tensions sur le point d'éclater.

→ Des récits enchâssés nourris de références à l'Histoire

• **Deux des quatre récits secondaires** que Mme de Lafayette intègre à son roman sont marqués d'une dimension historique évidente : le premier, accompli par Mme de Chartres, concerne Diane de Poitiers et a pour objectif de montrer à la princesse qu'il ne faut pas juger sur les apparences à la cour, « où ce qui paraît n'est presque jamais la vérité » ; le second est pris en charge par la reine dauphine et se concentre sur la figure d'Anne de Boulen, qu'Henri VIII a fait exécuter en 1536. Les événements qui constituent la trame de ces deux récits enchâssés appartiennent à la chronique historique, et sont aisément vérifiables par le lecteur.

→ Un roman historique ?

Citation à retenir

« […] c'est une parfaite imitation du monde de la cour et de la manière dont on y vit. »

Mme de Lafayette à propos de *La Princesse de Clèves*, Lettre du 13 avril 1678.

• Pour enrichir le roman de cette dimension historique, Mme de Lafayette s'est notamment appuyée sur **deux sources** : les *Mémoires* de l'abbé de Brantôme, gentilhomme du XVIe siècle, et *L'Histoire de France* de François de Mézeray, un chroniqueur de la première partie du XVIIe siècle. Le récit du tournoi durant lequel Henri II est mortellement blessé à l'œil est par exemple inspiré par une page des *Mémoires* de Brantôme.

• À première vue, l'œuvre semble ainsi se présenter comme un roman historique. Reste que la **matière historique** constitue **seulement la toile de fond** de l'œuvre : elle est ce qui permet de légitimer la fiction, mais elle ne constitue nullement le cœur du roman. Ainsi, loin de rendre compte de manière exhaustive de la période qu'elle aborde, Mme de Lafayette se contente de sélectionner quelques événements marquants, en choisissant de préférence des anecdotes qu'elle pourra exploiter sur le plan fictionnel.

- Plus encore, il arrive à l'auteur de prendre un certain nombre de **libertés avec la vérité historique**, pour les besoins de l'intrigue. Ainsi, le duc de Nemours et le prince de Clèves ont certes existé, mais ils ont eu des destinées différentes de celles qui leur sont prêtées dans le roman. Le prince de Clèves est mort de mort naturelle, et non de désespoir amoureux. Quant à Jacques de Savoie, duc de Nemours, il était effectivement connu pour son charme et sa galanterie, mais les historiens ne lui prêtent pas de passion durable pour une femme inaccessible. Enfin et surtout, deux des personnages les plus importants du roman, Mme de Chartres et sa fille, sont fictifs.
- De plus, les **références à l'Histoire sont de moins en moins nombreuses** au fil du roman : plus Mme de Clèves se sent gagnée par la passion, plus elle s'éloigne de la cour, avant de faire le choix d'une retraite définitive. La narration souligne ce retrait du monde en réduisant la part des références historiques au strict minimum. À la fin du roman, la chronologie tend ainsi à se diluer dans une durée indéfinie : « des années entières se passent » avant que la passion de Nemours ne s'étiole, souligne la narratrice, tandis que la vie de l'héroïne est « assez courte ».
- L'Histoire sert donc seulement de cadre à la fiction dans *La Princesse de Clèves*, tandis que dans un roman historique véritable, elle occupe une place centrale.

Quiz

1. **À quelle époque Mme de Lafayette situe-t-elle précisément l'intrigue du roman ?**
2. **Quel événement met fin au règne d'Henri II ?**
3. **Pour quelles raisons la romancière choisit-elle d'ancrer la fiction dans un cadre historique ?**

D La peinture de la cour

Le roman de Mme de Lafayette prend pour cadre la cour des Valois, dont le faste est mis en évidence dès l'*incipit*. Cependant, loin d'être une simple toile de fond, la cour constitue un milieu agissant, dont le rôle est éminemment négatif.

L'honnêteté

▶ Du latin *honestus*, ce terme désigne quelqu'un qui se conforme aux lois du devoir et de la vertu, et qui est ainsi digne de considération.

→ Le lieu du faste et du raffinement

- En apparence, cette cour est le **lieu de la « magnificence » et de « l'éclat »**, et elle réunit des figures on ne peut plus brillantes. Mme de Lafayette se concentre dans son roman sur une **élite aristocratique**, qui cultive un idéal de sociabilité fondé sur « **l'honnêteté** ».
- L'**honnête homme**, dont un premier portrait a été établi dès le début du XVIe siècle par l'écrivain Balthazar Castiglione, réunit un ensemble de **qualités physiques, intellectuelles et morales** qui lui permettent de s'intégrer au mieux dans une société raffinée. Plusieurs personnages du roman de Mme de Lafayette font implicitement référence à ce modèle : M. de Clèves incarne notamment la mesure et la discrétion qui sied à l'honnête homme, tandis que le duc de Nemours illustre avec brio les qualités physiques qui lui sont traditionnellement attachées.

Citation à retenir

« Jamais cour n'a eu tant de belles personnes et d'hommes admirablement bien faits [...]. »

→ Un monde de faux-semblants et de violence

- Cependant, sous ces dehors brillants, la cour est aussi un **milieu dangereux**. Les apparences sont presque toujours trompeuses, les rivalités exacerbées, dans un univers essentiellement clos où l'on passe le plus clair de son temps à s'observer.
- Ainsi, dès l'ouverture de l'œuvre, Mme de Lafayette décrit avec précision les **réseaux d'alliance complexes** qui se sont mis en place sous le règne d'Henri II. Deux clans au moins sont présentés comme inconciliables : le connétable de Montmorency, qui a le statut de favori du roi et l'appui de Diane de Poitiers, s'oppose aux Guise, soutenus par la reine. Les Guise ont par ailleurs réussi à accroître leur puissance en mariant leur nièce, Marie Stuart, avec le dauphin.
- Mme de Lafayette souligne également la **violence sous-jacente des conflits** entre les différentes **figures féminines** du pouvoir. La duchesse de Valentinois, Marie Stuart, et Catherine de Médicis, se caractérisent toutes trois par leur volonté de domination : le roi apparaît systématiquement

inféodé à la duchesse de Valentinois, sa favorite, en âge d'être sa mère. Marie Stuart exerce quant à elle sa domination sur les hommes qui l'entourent en se servant de sa jeunesse et de sa beauté. Enfin, Catherine de Médicis attend la mort de son mari pour exercer son pouvoir à travers son fils, le jeune François II.

Citation à retenir

« [...] la duchesse de Valentinois [...] le gouvernait avec un empire si absolu, que l'on peut dire qu'elle était maîtresse de sa personne et de l'État. »

• La cour est également un milieu favorable au développement de **multiples intrigues galantes**, toujours liées à un appétit de conquête et de pouvoir. Ces relations illégitimes ne sont que rarement fondées sur des sentiments sincères, et nourrissent par ailleurs la rumeur et la médisance, cultivées par des personnages comme la reine dauphine. Ce lieu du paraître et du faux amour, sur lequel Mme de Lafayette porte un regard démystificateur, est ainsi plein de dangers pour la jeune Mlle de Chartres, élevée loin de la cour...

Citation à retenir

« L'ambition et la galanterie étaient l'âme de cette cour, et occupaient également les hommes et les femmes. »

→ Une peinture indirecte de la cour de Louis XIV

• Enfin, il est courant de souligner que la peinture de la cour des Valois constitue une évocation indirecte de la cour de Louis XIV, que Mme de Lafayette connaît personnellement. Plusieurs éléments autorisent un rapprochement entre ces deux univers, comme la magnificence et les intrigues galantes. Il s'agit également, dans les deux cas, d'un monde où les apparences sont reines et où les courtisans vivent dans un climat de défiance perpétuelle.

Quiz

1. **Quels personnages de *La Princesse de Clèves* se rapprochent du modèle de l'honnête homme ?**
2. **Quels sont les deux clans qui s'opposent au sein de cette cour ?**
3. **Quelle cour Mme de Lafayette a-t-elle fréquentée durant sa propre vie ?**

LE PARCOURS

THÈME 1 Individu et société au XVIIe siècle

A Situer le thème dans le parcours

→ Des héros hors du commun du roman aristocratique...

• Les lecteurs de la première moitié du XVIIe siècle recherchent au théâtre comme dans le roman un **miroir des valeurs héroïques** qu'ils continuent de cultiver, dans le prolongement de l'esprit de chevalerie hérité du Moyen Âge.

• Des romans publiés sous le règne de Louis XIII laissent ainsi une grande place à l'évocation d'aventures fabuleuses, riches en péripéties, qui permettent de faire ressortir **les qualités de personnages hors du commun**. Célébrant d'abord **l'héroïsme guerrier**, la **noblesse** et le **courage** de figures dignes d'admiration, ces romans évoluent progressivement vers la mise en valeur du raffinement et de l'élégance des personnages, notamment à partir de *L'Astrée* d'Honoré d'Urfé.

→ ... aux personnages prosaïques du *Roman comique*

• Cependant, à la même époque, d'autres auteurs publient des romans qui se veulent plus proches de la réalité, écrits dans un style plus accessible, comme *Le Roman comique* de Paul Scarron, par exemple. Les personnages sont alors issus de la bourgeoisie et du peuple, et **leur peinture fait place aux multiples travers de l'humanité.**

→ L'honnête homme...

• Durant la deuxième partie du XVIIe siècle et parallèlement au développement d'une société de cour de plus en plus codifiée et hiérarchisée, de nombreux auteurs réfléchissent à **la meilleure manière de vivre harmonieusement en société** : les **vertus héroïques** et **chevaleresques** de **l'homme de cour** sont fondamentales. À l'âge classique, la conception de l'honnêteté évolue vers un **idéal de sociabilité, de politesse et de raffinement.**

- Il s'agit avant tout de mettre au point les règles de l'art de se rendre agréable en société. L'honnête homme doit se montrer élégant, **attentif aux autres, raffiné** dans ses manières, et plein d'esprit. Dans cette perspective, l'accomplissement personnel de chaque individu est indissociable d'un **art de vivre ensemble**, et bonheur individuel et collectif vont ainsi de pair.

→ ... et le misanthrope

- La promotion de cet **idéal de sociabilité** et des valeurs qui l'accompagnent entraînent cependant chez certains auteurs des **analyses critiques.**
- Molière met ainsi en scène dans *Le Misanthrope* (1666) le conflit qui ne peut manquer d'apparaître entre cette **société très codifiée** et un personnage taciturne et mélancolique : Alceste. Il est ainsi atteint d'une sorte de maladie qui le conduit à se détourner de ses congénères, dont il ne supporte plus l'**hypocrisie** et la **dissimulation**. Molière poursuit ainsi une **peinture critique de la société** de son époque, qui se révèle bien éloignée du modèle défini par le chevalier de Méré.

→ De la représentation d'une société idéalisée à une réflexion sur les valeurs de la société

- **Des individualités hors du commun**
dans *L'Astrée* d'Honoré d'Urfé (1607-1627)
- **Des portraits de personnages prosaïques,**
dans *Le Roman comique*, de Paul Scarron (1651-1657)
- **La figure de l'honnête homme** dans la *Lettre à Mme de Lesdiguières* du chevalier de Méré (1665)
- **Alceste, un misanthrope**
dans *Le Misanthrope* de Molière (1666)

Quiz

1. **Comment définiriez-vous l'honnête homme à l'âge classique ?**
2. **Quel rapport s'efforce-t-il d'entretenir avec la société qui l'entoure ?**

B Des exemples pour la dissertation

▶ Honoré d'Urfé, *L'Astrée*, 1607–1627

- Honoré d'Urfé est issu d'une famille aristocratique franco-italienne. *L'Astrée*, son roman-fleuve de plusieurs milliers de pages, se nourrit de la tradition du roman de chevalerie et du roman pastoral. L'œuvre se situe dans un cadre bucolique qui rappelle le mythe de l'âge d'or, une époque lointaine où les hommes vivaient paisiblement dans une nature idyllique, sans avoir besoin de travailler. Seuls les émois du cœur troublent la société que forment les personnages.
- Mêlant plusieurs niveaux d'intrigue, le roman se concentre sur le personnage de Céladon, passionnément amoureux de la belle Astrée, qui croit à tort son amant infidèle. Désespéré, le jeune homme n'hésite pas à se jeter dans le Lignon…

Citations à retenir

« Sois témoin […] que plutôt que de rompre un seul des nœuds de mon affection, j'ai mieux aimé perdre la vie […]. »

« À peine eût-il fini ces mots, que, tournant les yeux du côté d'Astrée, il se jeta les bras croisés dans la rivière. »

▶ Paul Scarron, *Le Roman comique*, 1651-1657

• Paul Scarron, issu d'une famille de petite noblesse, est l'auteur de plusieurs pièces de théâtre et d'une parodie de *L'Énéide* de Virgile ; il est surtout connu pour son *Roman comique*, dans lequel il met en scène les vicissitudes d'une troupe de comédiens de province.

• Les multiples aventures que rencontrent ces comédiens ambulants sont l'occasion d'une peinture satirique de la société de province, et d'une galerie de portraits qui semblent croqués sur le vif. Le personnage de Ragotin, avocat vaniteux et colérique, subit les mauvais tours des autres personnages du roman, qui ne cessent de le ridiculiser.

Citations à retenir

« Il y avait entre autres un petit homme veuf, avocat de profession, qui avait une petite charge dans une petite juridiction voisine. […] C'était le plus grand petit fou qui ait couru les champs depuis Roland. »

« […] il était menteur comme un valet, présomptueux et opiniâtre comme un pédant, et assez mauvais poète pour être étouffé s'il y avait de la police dans le royaume. »

▶ Le chevalier de Méré, *Lettre à Mme de Lesdiguières*, 1665

• Antoine Gombeaud, dit le chevalier de Méré, a échangé avec Blaise Pascal une abondante correspondance au sujet du calcul des probabilités. En tant que noble, il fréquente également les salons les plus en vue de Paris, comme le salon de la marquise de Rambouillet et celui de la duchesse de Lesdiguières.

• À force d'observer les comportements de cette élite mondaine et de réfléchir à la meilleure manière de vivre en collectivité, il parvient à préciser le portrait de l'honnête homme. Ses *Discours* et sa correspondance, notamment avec la duchesse de Lesdiguières, permettent ainsi de mieux appréhender le modèle social et culturel de l'honnêteté à l'âge classique.

Citations à retenir

« […] dans le dessein de se rendre honnête homme et d'en acquérir la réputation, le plus important consiste à connaître en toutes les choses les meilleurs moyens de plaire, et de les savoir pratiquer. »

« Le cœur n'est pas moins nécessaire que l'esprit pour être d'un commerce agréable. »

▶ Molière, *Le Misanthrope*, 1666

• Molière (1622-1673) commence sa carrière en fondant une troupe de théâtre itinérante, « L'Illustre Théâtre », pour laquelle il compose des farces et des petites comédies. Revenu à Paris en 1658, il devient rapidement un comédien et un auteur en vue, et sa troupe est nommée « troupe du roi » en 1665. Un certain nombre de polémiques entourent cependant la création de pièces comme *L'École des femmes*. La première version de *Tartuffe* est même interdite en 1664, ainsi que *Dom Juan* l'année suivante.

• *Le Misanthrope* (1666) met en scène Alceste, un homme tellement épris de loyauté et de droiture qu'il ne parvient pas à s'accommoder de la dissimulation et de l'hypocrisie qui règnent dans les salons et à la cour.

Citations à retenir

« Je veux qu'on soit sincère, et qu'en homme d'honneur, / On ne lâche aucun mot qui ne parte du cœur. »

« Je refuse d'un cœur la vaste complaisance / Qui ne fait de mérite[1] aucune différence ; / Je veux qu'on me distingue ; et pour le trancher net, / L'ami du genre humain n'est point du tout mon fait. »

Alceste à Philinte.

1. Pour ce qui concerne le mérite.

THÈME 2 La société, un théâtre trompeur

A Situer le thème dans le parcours

→ « Si vous jugez sur les apparences... »

- Dans *La Princesse de Clèves*, **la cour des Valois** est présentée comme le **royaume de l'apparence**, voire comme un théâtre où il s'agit de se montrer sous son jour le plus flatteur. La vie de cette cour est du reste rythmée par des divertissements comme les bals, les banquets et les tournois, où la place accordée au spectacle est essentielle.

- Mme de Lafayette ne cesse de souligner à quel point les apparences brillantes de ce monde plein de « magnificence » sont éloignées de la vérité. Le fastueux décor dans lequel évoluent les personnages, la figure qu'ils se donnent recouvrent des **rivalités complexes**, et plus largement une **soif de domination** sans limites.

- Cette **critique des apparences trompeuses** se retrouve chez bien d'autres auteurs du XVIIe siècle, en particulier chez des moralistes comme La Rochefoucauld ou La Bruyère. Par la suite, des romanciers reprennent ce motif et présentent à leur tour le monde comme un théâtre mensonger.

→ La société au miroir de la littérature : masques et faux-semblants

- **Cimon et Clitandre**
dans *Les Caractères* de Jean de La Bruyère (1688)

- **La marquise de Merteuil et le vicomte de Valmont**
dans *Les Liaisons dangereuses* de Choderlos de Laclos (1782)

- **La haute bourgeoisie sous la monarchie de Juillet**
dans *L'Éducation sentimentale* de Gustave Flaubert (1869)

Quiz

1. **Dans *La Princesse de Clèves*, comment se caractérise, au premier abord, la cour des Valois ?**
2. **Quels aspects de cette société sont finalement dénoncés, chez Madame de Lafayette comme chez d'autres auteurs ?**

B Des exemples pour la dissertation

▶ Jean de La Bruyère, *Les Caractères*, « De la Cour », 1688

Introduit dans la haute société de son temps, La Bruyère analyse, dans son unique ouvrage, l'être humain, ses contradictions et ses faiblesses, en adoptant une écriture fragmentaire. La section des *Caractères* intitulée « De la Cour » multiplie les portraits satiriques. La Bruyère y dénonce l'ambition et la dissimulation propres à ce milieu. On peut ainsi lire le double portrait de Cimon et Clitandre, deux courtisans qui veulent faire croire qu'ils ont des responsabilités très importantes, alors qu'il n'en est rien, et qu'ils se soucient uniquement d'être « vus et revus » par tous.

Citations à retenir

« Leur profession est d'être vus et revus, et ils ne se couchent jamais sans s'être acquittés d'un emploi si sérieux, et si utile à la République. »

« On ne les a jamais vus assis, jamais fixes et arrêtés : qui même les a vus marcher ? on les voit courir, parler en courant, et vous interroger sans attendre de réponse. Ils ne viennent d'aucun endroit, ils ne vont nulle part : ils passent et ils repassent. »

▶ Pierre Choderlos de Laclos, *Les Liaisons dangereuses*, 1782

- Pierre Choderlos de Laclos (1741-1803) est un militaire de carrière, spécialisé dans le domaine de l'artillerie. Dans son roman épistolaire, *Les Liaisons dangereuses*, il souligne que le pouvoir appartient à ceux qui savent observer les rouages de la société et en jouer, quitte à porter des masques totalement trompeurs.
- Deux figures de libertins, la marquise de Merteuil et le vicomte de Valmont, sont particulièrement habiles dans l'art de manipuler autrui pour satisfaire leurs désirs.
- Dans la lettre 81, adressée au vicomte, la marquise souligne qu'elle a appris à dissimuler ses émotions et à porter un masque en toutes circonstances, pour mieux tirer profit d'une société du paraître.

Citations à retenir

« Entrée dans le monde dans le temps où, fille encore[1], j'étais vouée par état au silence et à l'inaction, j'ai su en profiter pour observer et réfléchir. Tandis qu'on me croyait étourdie ou distraite, écoutant peu à la vérité les discours qu'on s'empressait de me tenir, je recueillais avec soin ceux qu'on cherchait à me cacher. »

1. Jeune fille non encore mariée.

« […] dès ce moment, ma façon de penser fut pour moi seule, et je ne montrai plus que celle qu'il m'était utile de laisser voir. »

▶ Flaubert, *L'Éducation sentimentale*, 1869

- Dans ce roman, Flaubert dresse un portrait critique de la haute bourgeoisie sous la monarchie de Juillet et la Seconde République. Frédéric Moreau, un jeune homme plein d'aspirations romantiques, ne parvient à réaliser aucun de ses désirs, aucun de ses projets. À travers ce personnage, Flaubert fait également le portrait de toute une génération, vouée à l'inaction et à l'échec pour des raisons socio-historiques complexes.
- Essentiellement passif, Frédéric n'en reste pas moins un observateur attentif du monde qui l'entoure, notamment lorsqu'il découvre des milieux qu'il ne connaît pas, comme celui de la grande bourgeoisie d'affaires. Invité à un bal par les Dambreuse, il observe ainsi attentivement les femmes et les jeunes filles qui patientent dans le boudoir en attendant d'être invitées à danser, dans l'espoir, pour certaines d'entre elles, de trouver parmi les invités un parti avantageux. Le contraste entre l'indécence des costumes et le sérieux des visages est alors particulièrement frappant.

Citations à retenir

« Frédéric se trouva au seuil du boudoir où était alors Mme Dambreuse. Des femmes le remplissaient, les unes près des autres, sur des chaises sans dossier. Leurs longues jupes, bouffant autour d'elles, semblaient des flots d'où leur taille émergeait, et les seins s'offraient aux regards dans l'échancrure des corsages. »

« […] ce rassemblement de femmes demi-nues faisait songer à un intérieur de harem. »

A Situer le thème dans le parcours

➔ La passion : source d'une dégradation de l'être ?

• Durant l'Antiquité et notamment chez les Stoïciens, les passions sont considérées avec défiance pour les **désordres** et la perte de lucidité dont elles sont causes. Elles sont associées, chez les moralistes du XVIIe siècle, à la mise en évidence de la **faiblesse de notre raison**, ainsi qu'à l'orgueil et l'hypocrisie.

• Selon Blaise Pascal, la contradiction entre la raison et la passion, vouées par nature à s'opposer, entraîne en chaque homme un **état de tension**. Ceux qui ont cru pouvoir dominer les passions (Pascal songe notamment aux philosophes stoïciens…) font en réalité preuve d'orgueil et se trompent eux-mêmes, et ceux qui renoncent à la raison au profit des passions sont assimilés à des « bêtes brutes ». L'humanité se divise ainsi en deux « sectes » que Pascal renvoie finalement dos à dos, soulignant la **condition intenable de l'homme**.

• Présentée comme très dangereuse par les moralistes, la passion amoureuse, irrésistible, est au principe d'une dégradation de l'être et d'une **perte totale de repères**. Ainsi, alors qu'elle se voudrait maîtresse d'elle-même, Mme de Clèves se trouve rapidement asservie à une passion plus forte que sa volonté.

• Pourtant, dès le **siècle des Lumières**, les passions font l'objet d'une **réhabilitation progressive**, et elles se trouvent ainsi associées chez Mme du Châtelet à la **recherche du bonheur**. Cette réhabilitation atteint son point culminant chez les auteurs romantiques comme Chateaubriand (mais aussi Lamartine, Hugo, Musset, etc.).

• Le conflit entre passion et morale continue d'être placé au cœur de nombreux romans et récits du XXe siècle, qui accordent notamment une importance particulière au regard porté par la société sur les relations adultères. Des auteurs comme Marguerite Duras ou plus tard Annie Ernaux exposent ainsi dans leurs œuvres les tensions qui ne peuvent manquer d'apparaître entre la passion amoureuse et les normes sociales.

→ Différents visages de la passion

- **Vers une dégradation de l'être** dans les *Maximes*, de François de La Rochefoucauld (1665)
- **La fatalité de la passion** dans *Phèdre*, de Jean Racine (1677)
- **Éloge de la passion** dans *Discours sur le bonheur*, de Mme du Châtelet (1779)
- **Passion et exaltation du sujet** dans *René*, de François-René de Chateaubriand (1802)
- **Passion et énergie** dans *La Comédie humaine*, de Honoré de Balzac (1830-1856)
- **Passion et adultère** dans *Moderato cantabile*, de Marguerite Duras (1958)

Quiz

1. **Selon les moralistes, la raison peut-elle permettre à l'homme de contrôler ses passions ?**
2. **À partir de quelle époque la passion fait-elle l'objet d'une réhabilitation progressive ?**

B Des exemples pour la dissertation

▶ François de La Rochefoucauld, *Maximes*, 1665

François de La Rochefoucauld (1613-1680) est issu d'une des plus grandes familles de la noblesse française. Après une brillante carrière militaire et un engagement dans la Fronde qui le condamne à l'exil durant plusieurs années, La Rochefoucauld se consacre à la rédaction d'un ensemble de *Maximes*, publié anonymement en 1665. Proche du mouvement janséniste, l'auteur souligne dans plusieurs aphorismes (phrases courtes, qui résument en une formule frappante une vérité essentielle) la puissance aveuglante des passions.

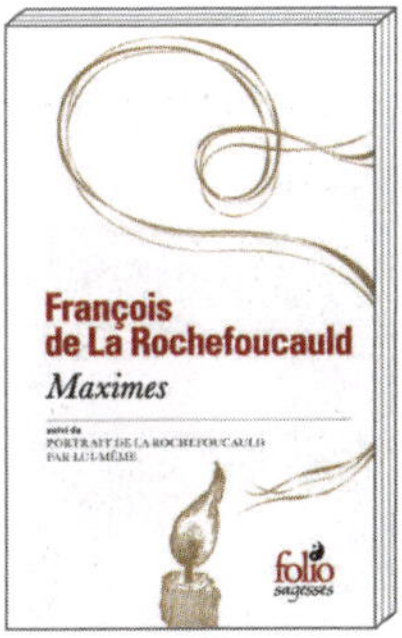

Citations à retenir

« La passion fait souvent un fou du plus habile homme, et rend souvent les plus sots habiles. »

« Les passions sont les seuls orateurs qui persuadent toujours. Elles sont comme un art de la nature dont les règles sont infaillibles ; et l'homme le plus simple qui a de la passion persuade mieux que le plus éloquent qui n'en a point. »

▶ Jean Racine, *Phèdre*, 1677

- Dès son entrée en scène, Phèdre, la seconde femme de Thésée, apparaît écrasée par la passion coupable qu'elle éprouve pour son beau-fils Hippolyte. Malgré tous ses efforts pour faire taire ses sentiments, elle est sans cesse rattrapée par l'image du jeune homme.
- En faisant le choix de mettre en scène les ravages causés par cette passion destructrice, Racine espère convaincre le public, et notamment ses anciens maîtres jansénistes, que le théâtre peut être une école de vertu, où le vice est « peint partout avec des couleurs qui en font connaître et haïr la difformité » (préface).

Citations à retenir

« Quand tu sauras mon crime et le sort qui m'accable, / Je n'en mourrai pas moins ; j'en mourrai plus coupable. »

« Je le vis, je rougis, je pâlis à sa vue ; / Un trouble s'éleva dans mon âme éperdue ; / Mes yeux ne voyaient plus, je ne pouvais parler ; / Je sentis tout mon corps et transir et brûler […]. »

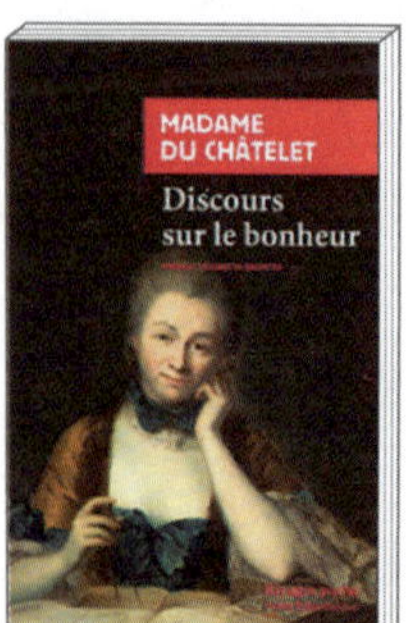

▶ Émilie du Châtelet, *Discours sur le bonheur*, 1779

Mathématicienne, physicienne, traductrice de Newton, Mme du Châtelet (1706-1749) a bénéficié, grâce à son père, d'une formation scientifique très poussée. Dans son *Discours sur le bonheur*, elle souligne que les passions sont indispensables pour être heureux…

Citations à retenir

« On n'est heureux que par des goûts et des passions satisfaites. »

« Ce serait donc des passions qu'il faudrait demander à Dieu, si on osait lui demander quelque chose […]. »

▶ François-René de Chateaubriand, *René*, 1802

- Chateaubriand (1768-1848) est considéré comme une des principales figures du premier romantisme français. Dans *René*, un court roman en partie autobiographique, il met en scène un personnage doué d'une sensibilité exacerbée, en proie au « vague des passions ».
- La passion est présentée comme une source féconde, qui contribue à exalter la sensibilité du sujet. Volontiers associée à l'inspiration et à la création, elle échappe en partie à la sanction de la morale.

Citations à retenir

« Un jeune homme plein de passions, assis sur la bouche d'un volcan […] n'est sans doute qu'un objet digne de votre pitié ; mais […], ce tableau vous offre l'image de son caractère et de son existence. »

« On m'accuse d'avoir des goûts inconstants, de ne pouvoir jouir longtemps de la même chimère […] : hélas ! je cherche seulement un bien inconnu dont l'instinct me poursuit. »

▶ Honoré de Balzac, *Eugénie Grandet*, 1834

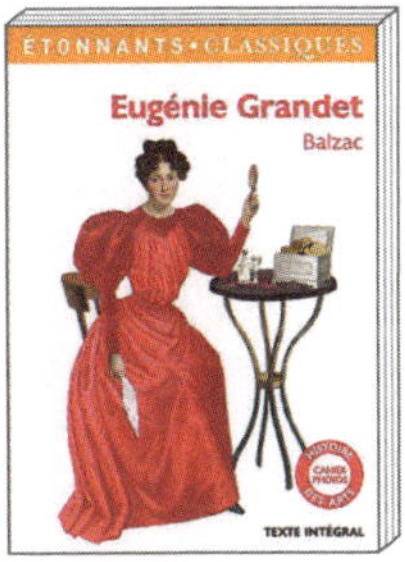

- À son tour, Balzac met l'accent dans sa fresque de *La Comédie humaine* sur le pouvoir des passions, l'énergie qu'elles représentent dans le domaine privé comme dans la sphère publique. La passion est une force qui permet de dépasser ses limites et de tendre vers une forme d'absolu, même si elle comporte évidemment des risques et des formes dévoyées.
- La passion se transforme ainsi en « manie » chez le père Grandet, qui éprouve pour l'or une attirance maladive, au point de conduire sa propre fille à renoncer à l'héritage maternel en sa faveur.

Citations à retenir

« La passion est toute l'humanité. Sans elle, la religion, l'histoire, le roman, l'art seraient inutiles. »

Avant-propos de 1842 à *La Comédie humaine*.

« Financièrement parlant, monsieur Grandet tenait du tigre et du boa : il savait se coucher, se blottir, envisager longtemps sa proie, sauter dessus ; puis il ouvrait la gueule de sa bourse, y engloutissait une charge d'écus, et se couchait tranquillement, comme le serpent qui digère, impassible, froid, méthodique. »

Eugénie Grandet.

▶ Marguerite Duras, *Moderato cantabile*, 1958

- Marguerite Duras, née en 1914 en Indochine française, se fait connaître en publiant en 1950 un roman autobiographique, *Un barrage contre le Pacifique*. Par la suite, ses œuvres sont très souvent centrées sur les motifs de la passion, du désir et de l'attente.
- Dans *Moderato cantabile*, Duras évoque ainsi le personnage d'Anne Desbaresdes, une mère de famille bourgeoise, fascinée par un crime passionnel qui a eu lieu dans un café qu'elle fréquente régulièrement. Elle rencontre dans ce café un homme dont elle se rapproche en évoquant chaque jour le mystérieux drame, dont ils ne savent pourtant rien. Les habitués du lieu observent avec attention la progression de cette étrange relation entre les deux personnages.

Citations à retenir

« – Quelqu'un qui a été tué. Une femme.
Elle […] rejoignit le gros de la foule devant le café, s'y faufila […]. Au fond du café, dans la pénombre de l'arrière-salle, une femme était étendue par terre, inerte. Un homme, couché sur elle, agrippé à ses épaules, l'appelait calmement.
– Mon amour. Mon amour. »

« Un groupe d'ouvriers entra, qui les avaient déjà vus. Ils évitèrent de les regarder, étant au courant, eux aussi, comme la patronne et toute la ville. Un chœur de conversations diverses, assourdies par la pudeur, emplit le café. »

Méthode

Objectif BAC

Apprendre et réviser

La dissertation

L'oral

1 Les types de mémoire

Testez-vous pour connaître votre type de mémoire

Vous mémorisez mieux :

a. Les récits des cours d'histoire ou de français.
b. Les schémas de géographie, les formules de maths.
c. Votre propre prise de notes.

Votre astuce pour mémoriser vos cours :

a. Vous relisez votre cours à voix haute, comme si vous le récitiez à quelqu'un.
b. Vous relisez vos notes et vos fiches.
c. Vous demandez à quelqu'un de vous interroger.

Votre attitude au travail :

a. Facilement déconcentré par les bruits autour de vous.
b. Très concentré sur les cours et les exercices à faire, dans votre « bulle ».
c. En mouvement, vous relisez vos cours en marchant.

Votre entourage de travail :

a. Un parent, un ami, quelqu'un qui vous aide et vous motive.
b. Uniquement les cours, rien qui vous déconcentre.
c. Un peu de musique ou la télévision allumée en fond sonore.

Les types de mémoire

- Chacun a une mémoire qui tend à être plus **visuelle** (retenir ce qu'on voit), **auditive** (retenir ce qu'on entend) ou **kinesthésique** (retenir ce qu'on ressent).
- Ces trois types de mémoire ne sont pas exhaustifs, ni exclusifs : on possède au moins un type de mémoire principal et un type secondaire.

Ce qui vous gêne en classe :

a. Les professeurs qui expliquent mal, ou que l'on entend mal. Impossible pour vous de vous concentrer et de retenir le cours.
b. Être loin du tableau, ou les professeurs qui n'écrivent rien au tableau : vous avez besoin de lire pour comprendre.
c. Devoir rester assis toute la journée, ne pas pouvoir être dans une position plus confortable pour l'écoute et la concentration.

Pour vous, la compréhension et l'apprentissage s'effectuent principalement :

- en écoutant le cours → **mémoire auditive**
- en relisant le cours → **mémoire visuelle**
- en bougeant, en marchant, en manipulant → **mémoire kinesthésique**

Résultats du test

→ **Vous avez une majorité de a : vous avez une mémoire auditive**

• Vous retenez mieux ce que l'on vous raconte que ce que vous lisez. Vous avez besoin de vous entendre redire les cours pour mieux vous en souvenir, de relire vos fiches à voix haute, de répéter.

→ **Vous avez une majorité de b : vous avez une mémoire visuelle**

• Vous retenez mieux ce que vous lisez, les schémas, votre prise de notes, les mots-clés écrits au tableau ou sur vos fiches. Vous avez besoin d'organiser vos cours et vos fiches de manière aérée, visuelle : titres, sous-titres, mots soulignés, surlignés… Cela vous aide à comprendre les idées et à les retenir.

→ **Vous avez une majorité de c : vous avez une mémoire kinesthésique**

• Vous avez besoin de vous approprier les notions avec tout le corps ! Vous devez bouger, entendre, voir pour bien retenir les choses. Vous pouvez apprendre en faisant les cent pas, en jouant avec votre stylo…

2 Astuces pour mieux apprendre

A Tenir compte de son type de mémoire

Mémoire visuelle

- Pour apprendre, faites des dessins, des schémas, et associez des images à la notion que vous êtes en train de réviser ; vous pouvez par exemple utiliser des cartes mentales pour vos révisions.
- Réécrivez les parties du cours qui vous paraissent importantes, et rendez vos fiches de cours agréables à regarder, claires et précises. Surlignez, allez à la ligne régulièrement, faites des listes à puces… bref, rendez vos cours « visuels » !

Mémoire auditive

- Soyez très attentif en cours car c'est là que vous apprendrez la plus grande partie de vos leçons.
- N'hésitez pas à réviser vos cours avec un camarade, ou un adulte, à discuter des notions, à vous faire poser des questions à l'oral.
- Récitez votre cours à voix haute pour en faciliter la mémorisation.

Mémoire kinesthésique

- Essayez de faire des liens entre ce que vous apprenez et vos propres expériences.
- Apprenez en marchant, par exemple. Ne restez pas statique.
- Valorisez en particulier le sens du toucher. Lorsque vous révisez, vous pouvez manipuler des objets (gomme, crayon, balle anti-stress…) et lorsque vous reprendrez ces objets, les notions de cours vous reviendront en tête.

Astuces kinesthésiques

- Manipulez vos livres, vos manuels, utilisez des post-it…
- Faites des fiches comportant les éléments essentiels, découpez-les, et réorganisez-les de manière à construire une progression logique dans le cours.
- Favorisez les cartes pour mémoriser (voir pages suivantes).

B Faire des fiches

Ne retenir que l'essentiel

• Une bonne fiche de révision est celle qui vous propose l'essentiel de votre cours. Vous devez donc distinguer une notion précise que vous devez retenir, ou des éléments pertinents (des dates, des définitions, une liste d'auteur et de leurs œuvres...).

Pour être efficace, retenez cette formule :

une fiche de révision = un sujet

• Lorsque vous construisez vos fiches de révision, il est souvent plus intéressant d'envisager une autre structure que celle du cours pour que la lecture du cours et la révisions des fiches soient complémentaires.

Construire une fiche de révision

Le plus important dans une fiche de révision est sa clarté. Vous devez immédiatement comprendre de quoi il s'agit, et le retenir facilement ! Votre fiche doit compiler des notions essentielles et vous permettre de vous les remémorer rapidement. Pour cela :

• numérotez vos fiches et notez le titre de la fiche de manière claire et colorée, une couleur par rubrique et par niveau de titres ;

• dans le corps de la fiche, évitez de rédiger des phrases complètes, voire des paragraphes entiers. Soyez le plus synthétique possible, utilisez les listes à tirets, à points ou à numéros.

Des exemples de titres de fiches

Fiche 1 / Histoire littéraire / Mme de Lafayette
Fiche 2 / Histoire littéraire / Le classicisme
Fiche 3 / Le roman / Les personnages du roman
Fiche 4 / Le roman / Scènes-clés de l'œuvre
Fiche 5 / Les personnages / La princesse de Clèves
Fiche 6 / Les personnages / Le prince de Clèves
Fiche 7 / Les personnages / Le duc de Nemours

Avantage des cartes pour mémoriser

- Faciles à transporter, vous pouvez réviser **quand** et **où** vous voulez.
- Vous pouvez **réviser à plusieurs** (mélangez les cartes de chacun et tentez de répondre aux questions de tous...).
- Vous pouvez vous **tester régulièrement.**

C Les cartes pour mémoriser

Le principe de ces cartes est très simple : prenez une fiche bristol, notez **une information sur le verso** et **une information sur le recto.** Ces cartes s'adaptent à tous les types de mémoire. Leur but est de réactiver facilement et régulièrement le lien entre deux informations :

- un personnage et son rôle dans l'histoire ou son caractère ;
- un écrivain et son mouvement littéraire ;
- une œuvre et sa date...

Mémoire auditive

(lire la fiche à voix haute plusieurs fois)

Recto de la fiche

Mme de Clèves

Verso

- Personnage principal
- Épouse du prince de Clèves
- Éprise du duc de Nemours, lutte contre sa passion
- Refuse d'épouser le duc après la mort de son mari

Mémoire visuelle

Recto de la fiche

Mme de Lafayette

Verso

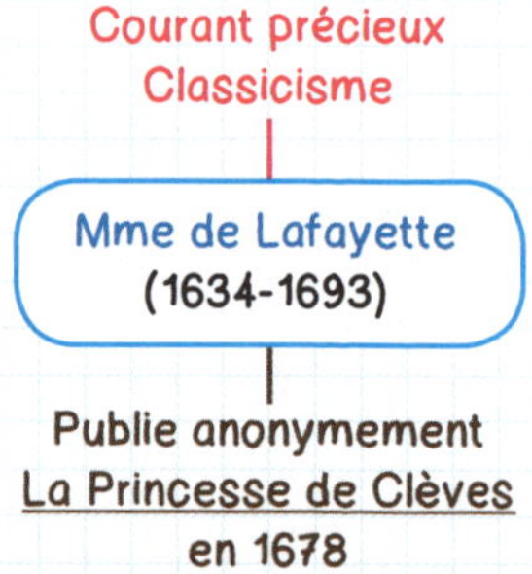

D Les cartes mentales

Les cartes mentales permettent de visualiser en un coup d'œil les éléments essentiels d'une notion, et les liens qu'ils entretiennent entre eux. Elles se lisent dans le sens des aiguilles d'une montre. Vous pouvez les réaliser à la main ou sur des sites internet gratuits, qui permettent une création rapide et facile.

Pour que votre carte soit claire et compréhensible, certains éléments sont indispensables :

- placez au centre le thème principal, éventuellement illustré par une image ;
- n'utilisez qu'un ou deux mots-clés par nœud ;
- chaque notion rattachée au thème principal irradie du centre, sous forme de branche courbe et colorée ;
- utilisez des couleurs ;
- favorisez des liens courbes plutôt que droits entre les nœuds ;
- vous pouvez hiérarchiser les idées en les écrivant en plus ou moins gros, dans un cadre plus ou moins épais.

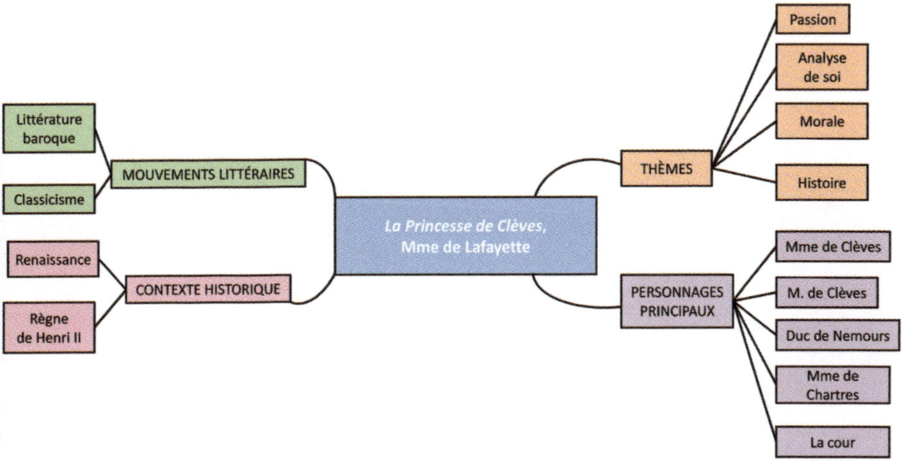

E Les nuages de mots

Pour réaliser un nuage de mots, vous pouvez vous rendre sur un site internet spécialisé (ils sont nombreux et généralement gratuits).

- Sélectionnez en premier lieu les termes que vous souhaitez retenir et qui permettent de définir simplement les grandes idées de l'œuvre ou de caractériser un personnage.
- Sur le site, saisissez les mots sélectionnés, choisissez les critères de mise en forme (police de caractères, couleurs, orientation du texte, etc.).
- Votre nuage est créé ! Vous pouvez généralement le télécharger et l'imprimer.

Vous pouvez créer un nuage de mots pour l'œuvre dans sa globalité, un autre pour les personnages, un autre encore pour l'auteur…

F Les abécédaires

Cette manière originale de présenter une œuvre peut vous aider à vous remémorer l'essentiel en vous récitant simplement l'alphabet. Vous pouvez n'utiliser que certaines lettres.

La Princesse de Clèves
Abécédaire

Amour
Bal
Clèves
Devoir
Estime
Faux-semblants
Galanterie
Henri II
Inclination
Jalousie
Lettre
Magnificence
Nemours
Passion
Récit enchâssé
Soliloque
Tournoi
Vertu

G Les exempliers

- Un exemplier est une **liste d'exemples** destinés à mieux faire comprendre ou à retenir une notion.
- Il peut s'agir de citations, de mots, de noms…
- Un exemplier peut être très utile pour retenir des citations par thème et s'en servir dans la dissertation sur œuvre. Voici une proposition d'exemplier sur le thème de la passion, tiré de *La Princesse de Clèves*.

Passion

1. « Il conçut pour elle, dès ce moment, une passion et une estime extraordinaires. » (Le prince de Clèves à propos de sa future épouse).
2. « Se voyant souvent, et se voyant l'un et l'autre ce qu'il y avait de plus parfait à la cour, il était difficile qu'ils ne se plussent infiniment. » (La princesse et le duc de Nemours).
3. « Je suis vaincue et surmontée par une inclination qui m'entraîne malgré moi. » (La princesse de Clèves).
4. « Il la vit d'une si admirable beauté qu'à peine fut-il maître du transport que lui donna cette vue. » (Le duc en découvrant la princesse une nuit à Coulommiers).

3 Organiser ses révisions

A Faire un calendrier

De combien de temps disposez-vous ?

Pour bien s'organiser, il faut connaître les échéances : quelles sont les dates des interrogations, des bacs blancs, des épreuves de bac, des examens ? Vous pouvez les noter sur un calendrier pour visualiser leur enchaînement, les périodes chargées, et pour compter le nombre de jours ou de semaines qui précèdent chaque épreuve.

B Connaître ses priorités

Sur quelles notions mettre l'accent ?

- **Commencez par identifier les cours que vous avez à réviser** : s'agit-il des textes pour l'oral, de citations à apprendre par cœur, de cours de méthodologie pour la dissertation, pour le commentaire ? Faut-il faire des fiches, ou les apprendre, les réviser ?
- **Établissez vos priorités** : surtout, pas d'impasses, il faut tout réviser ! et on n'écoute pas les « ouï-dire » qui affirment que tel objet d'étude va « tomber » pour l'interrogation ou le jour du bac. On ne peut pas savoir. Mais dans votre planning de révisions, commencez par ce qui vous demandera le plus d'implication, le plus de temps, et gardez pour la fin les tâches dans lesquelles vous êtes plus à l'aise.
- **Reprenez vos interrogations et bulletins précédents** : sur quels points votre professeur vous a-t-il demandé de vous améliorer ? S'agit-il du style, de la qualité de l'argumentation, de votre maîtrise de la méthode, de vos connaissances notionnelles ?

C Connaître son type de mémoire

→ Reportez-vous aux pages 46-47 pour connaître votre type de mémoire et ainsi savoir ce qui vous convient le mieux pour apprendre.

4 Construire son planning

A Bien s'organiser

Comment construire un planning de travail ?

- **Ménagez des plages de travail suffisamment longues** pour avoir le temps de vous concentrer sur une tâche, mais pas trop longues non plus pour ne pas perdre haleine. Une plage de **01h30 à 02h00** paraît un bon compromis.
- **Prévoyez de travailler le matin** les matières demandant le plus de concentration (le travail sur les lectures linéaires ou la reprise des dissertations). Prévoyez un moment de révisions en **fin de journée**.
- **Gardez une plage horaire vide de deux heures** en milieu de semaine ; cela vous permettra de récupérer le retard le cas échéant, ou de faire complètement autre chose si vous avez bien avancé les jours précédents !
- **Pensez à varier le type d'activités** dans une même journée : travail oral + écrit + fiches + apprentissage par cœur…
- **À la fin de chaque journée,** vérifiez que vous avez rempli vos objectifs.

B Préparer son espace de travail

Où et comment travailler ?

- **Choisissez un endroit où vous allez travailler durant toute la période de révisions :** votre bureau, la bibliothèque, la table du salon… Le lieu doit être au calme et suffisamment spacieux pour pouvoir disposer toutes vos affaires, tous vos livres au même endroit sans avoir à faire des allers-retours.
- **Ménagez-vous des moments de détente :** pauses de 15 minutes le matin et l'après-midi, temps de détente après le déjeuner pour s'aérer un peu l'esprit.
- **Éteignez votre téléphone portable**, ou passez-le en mode silencieux. C'est vraiment important pour être sûr de rester concentré.

La dissertation

→ **Pour le Bac, la dissertation porte sur une œuvre intégrale étudiée durant l'année et sur le parcours associé qui l'accompagne.**

La dissertation

Qu'est-ce que c'est ?

« Discours ou écrit où sont développés, de façon ordonnée, des arguments sur un sujet, un thème, ou une question scientifique. »

« Dans les classes terminales du second cycle des lycées et dans les universités : exercice écrit, que l'on donne aux élèves ou aux étudiants, qui consiste dans la discussion argumentée d'un sujet donné. »

La dissertation au bac

- La **dissertation** est l'une des épreuves écrites proposées au baccalauréat, en concurrence avec le **commentaire de texte** (toutes filières) ou la contraction de texte suivie d'un essai (uniquement pour la littérature d'idées en filières technologiques).
- Les élèves disposent de **4 heures** pour la rédiger. Ce travail d'écriture peut parfois inquiéter les candidats, et pourtant, c'est une épreuve rassurante que l'on peut très bien préparer en amont.
- Pour réussir sa dissertation, il faut bien connaître la **méthodologie** de l'épreuve, et maîtriser parfaitement les œuvres intégrales étudiées durant l'année (sur lesquelles vous aurez constitué de nombreuses fiches durant vos révisions).

Objectifs de l'épreuve

On vous demande de :

1. répondre à la question que pose le sujet ;
2. trouver une problématique permettant d'approfondir la réflexion portée par le sujet ;
3. construire une argumentation élaborée en deux ou trois grandes parties autour de cette problématique ;
4. savoir utiliser vos connaissances et votre interprétation de l'œuvre sur laquelle porte la dissertation, ainsi que des textes appartenant au parcours associé ;
5. utiliser un vocabulaire soutenu, une syntaxe claire, une orthographe rigoureuse.

Quiz

1. **Sur quoi peut porter la dissertation le jour du bac ?**
2. **Combien de parties une dissertation doit-elle comporter au minimum ?**
3. **Par quoi commence l'introduction d'une dissertation ?**

1 La dissertation en un coup d'œil

Une introduction rédigée en un seul paragraphe, qui reprend les éléments suivants

- Accroche
- Reprise du sujet
- Analyse du sujet
- Problématique
- Annonce du plan

Deux ou trois grandes parties qui sont toutes construites sur le même modèle

[alinéa 1] Annonce de l'axe de la grande partie et des sous-parties.
[alinéa 2] Premier argument, développé en s'appuyant sur des exemples interprétés.
[alinéa 3] Deuxième argument, développé en s'appuyant sur des exemples interprétés.
[alinéa 4] Troisième argument, développé en s'appuyant sur des exemples interprétés.
[alinéa 5] Bilan de la partie et transition vers la partie suivante.

! *On ne saute pas de lignes au sein d'une même partie, mais on saute des lignes entre chaque grande partie !*

Une conclusion rédigée en un seul paragraphe, qui reprend les éléments suivants

- Bilan et réponse à la problématique
- Ouverture

2 Réussir sa dissertation : méthode pas à pas

SUJET 1

→ **D'après votre lecture de *La Princesse de Clèves* et des autres textes du parcours associé, les passions sont-elles condamnables ? Vous répondrez à cette question dans un développement structuré. Votre travail s'appuiera sur l'œuvre de Mme de Lafayette, ainsi que sur les textes que vous avez étudiés en classe dans le cadre du parcours associé à cette œuvre.**

A Analyser le sujet

1re ÉTAPE Travailler sur les mots-clés du sujet

- Avant toute chose, il faut **lire et relire plusieurs fois le sujet.**
- Puis se demander quel est **le type de sujet** proposé : s'agit-il d'une question ? D'une citation ? D'une affirmation ? Si c'est une question, s'agit-il d'une interrogation totale ou partielle ?
- Ici, il s'agit d'une **interrogation totale** (on peut répondre par oui ou non), mais la réponse à donner devra bien sûr être nuancée et surtout argumentée, en fonction d'une lecture personnelle de l'œuvre et des textes vus dans le parcours associé.
- On peut alors repérer les **mots-clés** du sujet.

1re étape
Revenir, pour commencer, à l'étymologie du terme qui constitue le cœur du sujet.

Les passions :
- Le mot « passion » vient du latin *passio*, formé sur le participe passé d'un verbe qui signifie « souffrir », « endurer ». Originellement, la passion est ainsi associée à la souffrance, à un tourment sur lequel il n'est pas de prise possible.
- Mais le mot s'utilise aussi pour faire référence à un amour exalté et souvent exclusif pour une personne, une occupation ou une chose. Il peut donc conduire au développement d'une certaine énergie, et amener par ailleurs celui qui l'éprouve à s'interroger sur lui-même.

Condamnables : sont condamnables les choses réprouvées, qui font l'objet d'un jugement négatif, sur un plan juridique mais aussi moral et/ou spirituel.

2e ÉTAPE Analyser le sujet

- Le sujet nous invite à réfléchir sur le jugement que porte une œuvre sur un type de sentiment, caractérisé par son intensité, son exaltation, et éventuellement, sa violence.
- Cette exaltation des sentiments (amoureux, mais pas seulement !) peut faire l'objet d'une condamnation de la part de certains auteurs, se rattachant notamment au courant janséniste. C'est le cas de Mme de Lafayette.

3e ÉTAPE Rattacher les termes du sujet à l'œuvre qu'il s'agit d'étudier

- *La Princesse de Clèves* se focalise sur l'analyse d'une passion brûlante entre deux personnages d'exception, Mme de Clèves et le duc de Nemours. Ils sont irrésistiblement attirés l'un par l'autre dès leur première rencontre, mais doivent cependant dissimuler les sentiments qu'ils éprouvent à tous ceux qui les entourent.
- À travers ce roman, Mme de Lafayette poursuit ainsi une analyse rigoureuse des tourments et de la souffrance qui assaillent le personnage éponyme, partagée entre l'amour passionné qu'elle éprouve pour le duc et une forte conscience de ses devoirs, notamment à l'égard de son mari.
- D'autres formes de passions sont présentes dans le roman (la passion du prince pour sa femme, la passion de la reine pour le pouvoir et la grandeur, etc.), et il faudra également les prendre en compte dans la dissertation.

B Trouver la problématique

4e ÉTAPE Questionner le sujet

- La notion de **passion** doit se trouver au cœur de la problématique, autrement dit, de la question qu'il faut adresser au sujet pour lancer le mouvement de la réflexion.
- On peut ainsi se demander, préalablement, ce qui peut conduire un auteur à condamner les passions, sur quel plan il se situe alors (moral, spirituel...), et quelles sont les conséquences d'une telle condamnation sur le genre qu'il pratique.
- La passion permettant au romancier d'analyser ses personnages, de scruter leur intériorité, un rejet complet de ce type de sentiments conduirait *de facto* à un appauvrissement de la matière romanesque...
- Un romancier ne peut donc se contenter de condamner catégoriquement les passions, son positionnement sur le sujet est forcément plus complexe. De plus, la littérature n'a pas pour vocation de transmettre au lecteur des jugements moraux univoques.

Formulation de la problématique

Sujet → Est-il possible de disqualifier totalement la passion,

Problématique → dans la mesure où celle-ci est intimement liée à l'appréhension de l'intériorité du sujet, qui constitue à partir de Mme de Lafayette un des objectifs du romancier ?

C Chercher des arguments et des exemples

5e ÉTAPE Répondre aux questions posées par la problématique et chercher des exemples

- Au brouillon, on peut dans un premier temps noter les idées permettant de répondre à cette question, ainsi que les exemples qui peuvent les illustrer.
- C'est à partir de ces idées que l'on construira ensuite le plan.

Arguments en faveur d'une condamnation des passions

• Pour Mme de Lafayette, la passion est une force irrésistible, qui conduit les personnages les plus vertueux à perdre le contrôle d'eux-mêmes (« Je suis vaincue et surmontée par une inclination qui m'entraîne malgré moi : toutes mes résolutions sont inutiles [...]. »).
→ Mme de Clèves ne parvient pas à cacher son trouble en présence de Nemours. La maîtrise de son corps lui échappe notamment lorsque le duc lui rend visite dans sa chambre après la mort de Mme de Chartres.
→ Le personnage de Phèdre (Racine, Phèdre).

Citation

Exemple dans *La Princesse de Clèves*

Exemple dans d'autres œuvres

• La passion est également cause de souffrances, voire de destruction (« Jamais affliction n'a été si piquante et si vive »).
→ La maladie et la mort du prince de Clèves.
→ Certains moralistes de la même époque partagent cette conception négative de la passion, comme La Rochefoucauld, dans ses Maximes.

Arguments plus favorables aux passions

• Les passions font cependant partie intégrante de notre condition, elles ne sauraient être niées.
→ Mme de Chartres elle-même les prend en compte dans l'éducation de sa fille, elle n'essaie pas de lui cacher leur existence : « madame de Chartres avait une opinion opposée, elle faisait souvent à sa fille des peintures de l'amour ; elle lui montrait ce qu'il a d'agréable pour la persuader plus aisément sur ce qu'elle lui en apprenait de dangereux [...]. »

- Les passions ont une positivité dans la mesure où elles permettent au sujet d'accéder à une meilleure connaissance de lui-même.
➜ Les soliloques de Mme de Clèves.
➜ Pour Mme du Châtelet (Discours sur le bonheur), la passion est ce qui permet d'accéder au bonheur : « On n'est heureux que par des goûts et des passions satisfaites » ; la passion, dans le roman de Chateaubriand, René, est une source féconde qui contribue à exacerber la sensibilité du sujet.

- Des passions très différentes sont représentées dans l'œuvre. Sont-elles toutes considérées de la même manière ?
➜ La passion du roi Henri II pour Diane de Poitiers ; la passion du pouvoir et de la grandeur chez Catherine de Médicis, etc.

- Les interventions de la narratrice restent très discrètes dans l'œuvre, et l'auteur n'exprime jamais directement son opinion.
➜ Anonymat de la publication, et souhait maintes fois rappelé de Mme de Lafayette de conserver cet anonymat.

D Bâtir un plan

6e ÉTAPE Trouver la structure du plan

À partir de ces arguments (dont la liste n'est bien sûr pas exhaustive !), on peut commencer à construire un plan, en cherchant tout d'abord les intitulés de deux ou trois grandes parties.

I. L'œuvre de Mme de Lafayette est marquée par une conception négative des passions.
II. Cependant, le roman ne disqualifie pas totalement l'expérience des passions.
III. La réflexion que La Princesse de Clèves nous propose sur ce sujet demeure ainsi ouverte.

7e ÉTAPE Rédiger le plan détaillé

On pourra, à partir de ces grands axes, chercher un plan détaillé, incluant notamment les titres des sous-parties de chaque développement.

Exemple de plan détaillé pour le sujet 1 :

I. *La Princesse de Clèves* se caractérise par une présentation négative des passions.

1. Les passions constituent des forces irrésistibles, qui échappent au contrôle de la raison.

2. Elles causent de multiples souffrances chez les personnages…

3. … ce qui conduit Mme de Lafayette à valoriser la retraite et la solitude, seuls moyens d'échapper aux ravages des passions.

II. Une impossible disqualification des passions

1. Les passions font partie intégrante de notre condition.

2. Elles permettent au sujet de mieux se connaître et d'accéder à une forme de maturation.

3. Certains auteurs n'hésitent pas à réhabiliter les passions.

III. La réflexion que nous propose le roman sur les passions reste ouverte.

1. Discrétion de la narratrice et anonymat de l'auteur.

2. Pluralité et complexité des passions.

3. Un roman ouvert au débat.

E Rédiger sa dissertation

8e ÉTAPE Rédiger l'introduction

- On rédigera d'abord l'introduction au brouillon, puis au propre.
- Il faut la présenter en un seul paragraphe et utiliser des connecteurs. Il est important de soigner sa présentation : c'est le premier élément que découvre le correcteur en lisant une copie !

Accroche : débuter la dissertation par une ou deux phrases d'amorce.

Bien rappeler le **sujet** en introduction.

Explicitation du sujet

À travers leurs œuvres, les écrivains poursuivent volontiers une réflexion sur les passions humaines. Au XVIIe siècle notamment, les moralistes et les auteurs qui se rattachent à ce courant observent précisément les mœurs de leur époque tout en conduisant une analyse sans concession des passions qui animent leurs contemporains, et plus largement, l'humanité tout entière. Ainsi, quel regard les écrivains, et notamment Mme de Lafayette, qui publie anonymement La Princesse de Clèves en 1678, portent-ils sur les passions à travers leurs œuvres ? Les passions font-elles l'objet d'une condamnation univoque dans ce roman ? On peut rappeler pour commencer l'étymologie du terme qui constitue le cœur du sujet : le mot « passion » vient du latin *passio*, formé sur le participe passé d'un verbe qui signifie « souffrir », « endurer ». Avec une majuscule, ce terme s'utilise pour faire référence au supplice accompagnant la mort du Christ. Originellement, la passion est ainsi associée à la souffrance, à un tourment sur lequel il n'est pas de prise possible. Mais le mot s'utilise aussi pour faire référence à un amour exalté et souvent exclusif pour une personne, une occupation ou une chose. Cette exaltation peut contribuer à développer les énergies du sujet qui l'éprouve, le conduisant à se découvrir et à s'affirmer. Dans cette perspective, la passion peut être perçue positivement. La passion est donc une notion ambivalente, profondément liée à l'individualité du sujet, et l'on comprend aisément qu'elle se situe au cœur de nombreuses œuvres littéraires, notamment romanesques. La Princesse de Clèves se focalise ainsi sur l'analyse d'une passion brûlante entre deux personnages d'exception, Mme de Clèves et le duc de Nemours, qui doivent cependant dissimuler les sentiments qu'ils éprouvent à tous ceux qui les entourent. À travers ce roman, Mme de Lafayette poursuit une analyse rigoureuse des tourments qui assaillent le personnage éponyme, partagée entre l'amour violent qu'elle éprouve pour le duc et une forte conscience de ses devoirs, notamment à l'égard de son mari. L'œuvre fait ainsi écho à la conception pessimiste que d'autres auteurs, rattachés au mouvement janséniste, développent à la même époque au sujet de la passion comme pulsion incontrôlable. Cependant, est-il possible de disqualifier totalement la passion, dans la mesure où celle-ci est intimement liée à l'appréhension de l'intériorité du sujet, qui constitue à partir de Mme de Lafayette un des objectifs du romancier ? Nous montrerons que La Princesse de Clèves est marquée par une conception négative de la passion, qui fait écho à celle que développent d'autres œuvres de la même époque. Cependant, la passion ne saurait être totalement disqualifiée ni condamnée, dans la mesure où elle s'accompagne d'une découverte, voire d'une affirmation de soi. De sorte que finalement, la littérature nous invite à une réflexion ouverte sur la passion, bien éloignée des jugements moraux trop tranchés.

Rappeler en quelques mots que le sujet proposé est lié aux principaux enjeux de l'œuvre étudiée.

Problématique

Annonce du plan

9e ÉTAPE Rédiger le corps du devoir

- Soigner là encore la présentation, sauter des lignes entre chaque partie, et aller à la ligne pour le début de chaque sous-partie.
- Soigner également les transitions entre les parties, en utilisant notamment des connecteurs logiques pour souligner la progression de l'argumentation.
- Les titres et les sous-titres de parties, mentionnés ici pour plus de clarté, ne doivent pas apparaître dans la version rédigée de la dissertation.

Annonce de la **grande partie**

Annonce de la **première sous-partie**

Annonce de la **deuxième sous-partie**

Annonce de la **troisième sous-partie**

Énoncé de l'**argument**

Exemples précis et **citations** exploitées

I. Une conception négative de la passion

Mme de Lafayette, comme d'autres auteurs de son époque, présente la passion sous un jour négatif, en soulignant l'incapacité de la raison à la contrôler. La passion est par ailleurs associée à la souffrance, voire à la mort. Seule la solitude de la retraite et celle de la méditation permettent d'échapper aux ravages causés par cette pulsion destructrice.

1. Une puissance irrésistible, qui échappe au contrôle de la raison

Dans La Princesse de Clèves, Mme de Lafayette souligne que la passion est une force irrésistible, qui conduit les personnages les plus vertueux à perdre le contrôle d'eux-mêmes. Ainsi, Mme de Clèves, en dépit de l'éducation qu'elle a reçue et de la force morale qui la caractérise, peine à conserver la maîtrise de son corps, de ses paroles et de ses actes lorsqu'elle se trouve en présence du duc de Nemours. Des indices de sa passion lui échappent malgré elle, comme en témoigne la scène où elle réécrit la lettre perdue de Mme de Thémines en compagnie du duc, dans la troisième partie du roman. La narratrice

note alors que durant ces quelques heures « elle ne sentait plus que le plaisir de voir monsieur de Nemours ». Mais aussitôt après le départ du duc, lorsqu'elle se retrouve seule, elle revient « comme d'un songe », comparaison qui souligne clairement la part d'illusion que comportait le plaisir initial. Dès cet instant, les remords reviennent en force, et Mme de Clèves ne peut que constater son impuissance à dominer ses sentiments : « Je suis vaincue et surmontée par une inclination qui m'entraîne malgré moi : toutes mes résolutions sont inutiles [...]. » Le recours au style direct, dans ce soliloque, permet de mettre clairement en évidence les conséquences de l'aliénation amoureuse.
À la même époque, dans ses Maximes (1665), La Rochefoucauld poursuit également un réquisitoire sévère contre les passions. Recourant à la brièveté et à l'efficacité caractéristiques de l'aphorisme, il note par exemple dès la première page de son ouvrage que « la passion fait souvent un fou du plus habile homme » (maxime 5). Rappelons que Mme de Lafayette et La Rochefoucauld, qui entretiennent des liens d'amitié étroits, sont tous deux marqués par l'influence d'un mouvement spirituel très important au XVIIe siècle, le jansénisme. Ce courant se caractérise par une conception pessimiste de la nature humaine, qui apparaît définitivement entachée par le péché originel. L'homme est perçu comme une créature pleine de faiblesses, qu'une raison défaillante rend particulièrement vulnérable aux atteintes de la passion.

Ouverture au parcours associé

2. Une cause de souffrances et de destruction

La passion est également condamnable dans la mesure où elle cause des souffrances infinies. Ainsi, à l'exception de quelques brefs moments de répit, passés en compagnie du duc de Nemours, la princesse apparaît en proie aux tourments dans le roman de Mme de Lafayette. Un paroxysme de souffrance est ainsi atteint lorsqu'elle découvre la lettre de Mme de Thémines, qu'elle pense adressée au duc. Après avoir relu plusieurs fois cette lettre « sans savoir néanmoins ce qu'elle avait lu » tant elle est troublée, la princesse se laisse gagner par un profond désespoir, notamment parce qu'elle vient de laisser paraître des marques de sa passion à un homme qu'elle juge désormais infidèle, et donc indigne d'être aimé. « Jamais affliction n'a été si piquante et si vive », note sobrement la narratrice. Bien que Nemours parvienne ensuite à se disculper (il n'est pas le destinataire de la lettre !), cet épisode reste profondément ancré dans la mémoire de la princesse, et justifie en partie son refus d'épouser le duc à la fin du roman. Et que dire du désespoir du prince de Clèves, qui se laisse littéralement mourir de chagrin après avoir découvert la passion de son épouse pour un autre homme que lui !

Montrer que l'argument énoncé ne vaut pas seulement pour le personnage éponyme.

La passion est ainsi associée aux tourments de la jalousie, et à une souffrance qui peut être mortelle. Dans ses tragédies, Racine met lui aussi l'accent sur les ravages de la passion. Le personnage de Phèdre est particulièrement emblématique de cette souffrance, comme en témoigne son aveu désespéré à sa nourrice Œnone. Dans la scène 3 de l'acte I, la fille de Minos et de Pasiphaé rappelle qu'elle a tenté en vain de lutter contre son attirance pour Hippolyte, mais cette passion qui la fait « transir et brûler » est un mal « incurable », une fatalité. Elle entraîne finalement le suicide d'Œnone, la mort violente d'Hippolyte, banni par son père, et finalement la mort de Phèdre elle-même, qui s'empoisonne dans la dernière scène de la pièce.

3. La promotion de la retraite et de la solitude

Ainsi, pour des auteurs comme Mme de Lafayette ou Racine, il est impossible de lutter contre la passion. Seule demeure la possibilité de la retraite, la recherche du repos qui permet la méditation, et le retour à une certaine maîtrise de soi. Dans le roman de 1678, la princesse tente à plusieurs reprises de fuir la présence de l'homme qu'elle aime, en suppliant son mari de la laisser se retirer dans leur domaine de Coulommiers. Mme de Clèves a ainsi parfaitement conscience qu'il lui faut « [s]'arracher de la présence de monsieur de Nemours », ce qui la conduit à faire l'aveu partiel de ses sentiments à son mari. Cette tentation de la retraite est exprimée à plusieurs reprises dans le roman, mais Nemours ne respecte nullement le désir de solitude de celle qu'il aime avec passion, et par deux fois, il franchit les palissades qui séparent la forêt du jardin fleuri de Coulommiers. Ce n'est qu'à la toute fin du roman que Mme de Clèves parvient à échapper au duc, en se retirant dans une maison religieuse. Cette recherche de la solitude n'est pas sans rappeler les dernières années de la vie de l'auteur elle-même : après la mort de La Rochefoucauld et celle de son mari, Mme de Lafayette cesse toute activité mondaine, et se consacre à la méditation religieuse.

L'œuvre de Mme de Lafayette se caractérise ainsi par une conception très pessimiste de la passion, et en cela, elle fait écho à d'autres œuvres importantes de son époque.

Bilan de la partie

Cependant, est-il possible de condamner de manière univoque l'ensemble des passions humaines et de s'en détourner complètement ?

Transition vers la partie suivante

La dissertation

II. Une impossible disqualification

Les passions ne peuvent cependant être totalement rejetées, ne serait-ce que parce qu'il est impossible de s'en protéger, et qu'elles font partie intégrante de notre condition. Plus profondément, elles sont aussi l'occasion d'une maturation et d'une découverte de soi. Nous verrons enfin que certains auteurs les considèrent bien plus positivement que Mme de Lafayette.

1. Les passions font partie intégrante de notre condition d'être humain

L'existence des passions ne saurait être niée, et leur pouvoir minoré. L'austère Mme de Chartres fait ainsi une place à l'évocation de ces sentiments violents dans l'éducation qu'elle donne à sa fille. On se souvient ainsi que, dès le portrait initial du personnage éponyme, la narratrice revient, par le biais d'une analepse, sur la manière dont la jeune fille a été élevée, loin de la cour et de son agitation. Mme de Lafayette fait ressortir la singularité du parti pris par Mme de Chartres, en le distinguant du choix traditionnellement opéré par les mères de famille : « La plupart des mères s'imaginent qu'il suffit de ne parler jamais de galanterie devant les jeunes personnes pour les en éloigner ; madame de Chartres avait une opinion opposée, elle faisait souvent à sa fille des peintures de l'amour ; elle lui montrait ce qu'il a d'agréable pour la persuader plus aisément sur ce qu'elle lui en apprenait de dangereux [...] ». Ce choix ne suffira pas à préserver durablement la jeune fille des dangers de la passion, mais il souligne la forte conscience que Mme de Chartres a de ces dangers.

> Varier les références à l'œuvre intégrale en envisageant le point de vue de personnages différents.

Dans ses <u>Maximes</u>, La Rochefoucauld souligne également cette omniprésence des passions dans le cœur humain, comme en témoigne le dixième aphorisme : « Il y a dans le cœur humain une génération perpétuelle de passions, en sorte que la ruine de l'une est presque toujours l'établissement d'une autre. » Il est donc impossible de se protéger des passions, dont il faut tenter de comprendre le fonctionnement.

Ne pas oublier qu'avant son mariage avec le prince de Clèves, l'héroïne doit être nommée ainsi !

2. Les passions permettent au sujet de se découvrir et d'accéder à une forme de maturation

L'expérience de la passion est pour l'individu l'occasion d'une découverte de soi. La jeune Mlle de Chartres, en acceptant dans la première partie du roman d'épouser un homme qu'elle n'aime pas (elle n'a, de son propre aveu, « aucune inclination particulière pour sa personne ») apparaît comme un personnage manquant de maturité. Elle est ainsi embarrassée par les reproches du prince, qui a conscience de n'avoir éveillé aucun sentiment profond dans son cœur : « Mademoiselle de Chartres ne savait que répondre, et ces distinctions étaient au-dessus de ses connaissances. » Tandis que le prince éprouve pour elle « une passion violente et inquiète », les sentiments de la jeune femme ne dépassent pas « ceux de l'estime et de la reconnaissance ». C'est la rencontre avec Nemours, peu de temps après, qui va ouvrir le cœur de la princesse à la connaissance de sentiments autrement plus vifs, dont elle met du reste quelque temps à prendre pleinement conscience. Ce qu'elle éprouve alors pour le duc n'a pas de commune mesure avec l'estime qu'elle ressent pour le prince.

Comme le souligne La Bruyère dans ses Caractères, publiés en 1688, « l'amour et l'amitié s'excluent l'un l'autre. » Et c'est bien l'épreuve de la passion, dans tous les sens du terme, qui va conduire Mme de Clèves à se découvrir elle-même,

La dissertation

Ne pas hésiter à s'appuyer, dans le cadre d'une référence, sur des éléments structurels.

ce dont la progression du roman rend clairement compte, en laissant une part de plus en plus importante aux soliloques du personnage. Ce processus de maturation s'accompagne d'ailleurs d'un accès progressif à une parole maîtrisée et autonome : alors qu'elle parle très peu au début du roman, l'héroïne se montre capable, dans la dernière partie de l'œuvre, d'exposer au duc les raisons de son refus de l'épouser, en un discours parfaitement construit.

3. Une possible réhabilitation des passions

Ouverture au parcours associé qui montre que le point de vue de l'auteur peut être discuté.

Dans le roman de Mme de Lafayette, la passion ne conduit cependant pas le personnage principal à un épanouissement de son être, loin s'en faut. Au siècle des Lumières, en revanche, le regard porté sur les passions se modifie, parallèlement à une perception beaucoup plus optimiste de la nature humaine. Loin d'être considérées comme des forces destructrices, les passions sont désormais perçues comme des sources d'agréments et de plaisirs, indispensables à la quête du bonheur. Dans son Discours sur le bonheur (1779), Émilie du Châtelet prend ainsi clairement ses distances avec le rigorisme des jansénistes, et souligne qu'il est nécessaire de cultiver les passions, ou, à tout le moins, des goûts : « Les moralistes qui disent aux hommes : réprimez vos passions, et maîtrisez vos désirs, si vous voulez être heureux, ne connaissent pas le chemin du bonheur. On n'est heureux que par des goûts et des passions satisfaites ; je dis des goûts, parce qu'on n'est pas toujours assez heureux pour avoir des passions [...] ».

Ne pas hésiter à s'appuyer sur des citations précises dans le cadre de l'ouverture au parcours associé.

Cette réhabilitation des passions se poursuit chez les Romantiques, qui voient dans la passion une source d'inspiration, voire d'énergie. Au « vague des passions » qui tourmente ainsi René dans le roman de Chateaubriand, en orientant ses désirs vers une quête d'absolu succède ainsi la célèbre affirmation de Balzac, à l'ouverture de la Comédie humaine : « La passion est toute l'humanité. Sans elle, la religion, l'histoire, le roman, l'art seraient inutiles. » Tous les grands personnages balzaciens sont ainsi d'authentiques passionnés, même si leur passion tourne parfois à la monomanie... Il n'est donc pas envisageable de disqualifier totalement les passions, ne serait-ce que parce qu'elles constituent un des « matériaux » privilégiés du romancier, et plus largement de tout écrivain qui souhaite accéder à l'analyse de l'intériorité humaine. Les passions font par ailleurs l'objet d'une réévaluation à partir du XVIIIe siècle, avant d'être placées au cœur du mouvement romantique. Cependant, le rôle de la littérature n'est-il pas de nous amener à poursuivre une réflexion personnelle sur les passions, sans conditionner notre point de vue à des jugements moraux univoques ?

III. Une réflexion ouverte

La littérature n'a pas pour fonction de délivrer des jugements définitifs sur les passions, non plus que sur d'autres sujets. La narratrice de La Princesse de Clèves se caractérise ainsi par sa discrétion, laissant le lecteur libre de juger les personnages de l'œuvre comme il l'entend. Plus largement, l'œuvre met en scène une grande diversité de passions, de sorte que c'est la complexité de ce type de sentiments qui est finalement mise en évidence. Le roman de Mme de Lafayette demeure ainsi le lieu d'un débat toujours renouvelé, qui s'inscrit dans la continuité des discussions occasionnées par la publication de l'œuvre.

1. Une narratrice très discrète

Les interventions de la narratrice, dans La Princesse de Clèves, demeurent très discrètes. Si elle accomplit quelquefois de courtes digressions au présent de vérité générale, permettant d'ouvrir son propos à une dimension universelle, elle s'abstient en revanche de juger explicitement ses personnages. Ainsi, le lecteur ne saura jamais ce que pense la narratrice du duc de Nemours : est-il un séducteur invétéré, comme le pense Mme de Chartres ? Ou éprouve-t-il pour Mme de Clèves un amour authentique ? Le dénouement du roman précise simplement qu'après « des années entières », sa passion finit par s'éteindre, mais cette indication reste très elliptique, et ne disqualifie nullement le personnage. De plus, les raisons du refus final énoncé par la princesse, lors de sa dernière entrevue avec Nemours, sont marquées par une certaine ambivalence : certes, Mme de Clèves souligne combien il lui importe de rester fidèle à la mémoire de son mari, mais elle insiste également sur sa crainte de voir la passion de Nemours s'affaiblir avec le temps. Le devoir et l'orgueil se mêlent finalement dans cette décision de la princesse, qui ne parviendra à dominer sa passion qu'en fuyant l'objet qui l'inspire...

Cette discrétion de la narratrice peut être rapprochée de l'effacement de la voix du moraliste dans des œuvres comme Les Caractères de La Bruyère ou les Maximes de La Rochefoucauld : dans ces recueils de fragments et de portraits, l'auteur n'énonce jamais son point de vue à la première personne du singulier, et la discontinuité du texte interdit par ailleurs toute interprétation univoque.

2. La pluralité et la complexité des passions humaines

La réflexion sur les passions demeure d'autant plus ouverte dans La Princesse de Clèves que le roman ne cesse d'en souligner la diversité. Ainsi, la passion de la princesse pour le duc n'est pas superposable à celle que le duc, en retour, éprouve pour elle, et la passion du prince de Clèves pour sa femme est encore d'une autre nature, la notion d'« estime » y jouant un rôle important. Ces trois formes de passions amoureuses reposent du moins sur des sentiments sincères, ce qui n'est pas le cas de toutes les passions dans le roman : l'attirance que le roi Henri II éprouve depuis plus de vingt ans pour la duchesse de Valentinois est ainsi présentée, dès l'*incipit*, comme anormale, voire contre-nature. Le premier récit enchâssé, pris en charge par Mme de Chartres, revient de manière très critique sur cette relation particulière, minée par le mensonge et l'intérêt : « ce n'est ni le mérite ni la fidélité de madame de Valentinois qui a fait naître la passion du roi, ni qui l'a conservée, et c'est aussi en quoi il n'est pas excusable [...]. ». D'autres passions, plus obscures encore, sont représentées dans le roman, notamment à travers les histoires enchâssées : la passion de Sancerre pour Mme de Tournon se révèle totalement aveugle à la duplicité de cette femme, tandis que les sentiments que le vidame de Chartres éprouve pour ses conquêtes successives sont marqués par une grande instabilité. Enfin, la passion du pouvoir est aussi représentée dans l'œuvre de Mme de Lafayette, notamment à travers le personnage de Catherine de Médicis, qui exerce avec les Guise une influence importante sur la conduite des affaires du royaume, après la mort d'Henri II.

Ne pas hésiter à se reporter aux récits enchâssés du roman, pour montrer qu'on a une bonne connaissance de l'œuvre.

Là encore, on peut trouver chez les contemporains de Mme de Lafayette des correspondances évidentes : dans ses tragédies, Racine souligne également la diversité et la complexité des passions humaines. Oreste, Hermione, Pyrrhus et Andromaque, pour ne citer que des personnages de la tragédie Andromaque, incarnent des visages très différents de la passion amoureuse, alors qu'ils sont réunis au sein d'une même pièce.

3. Le roman comme lieu d'un débat toujours ouvert

C'est sans doute cette complexité et cette richesse dans la représentation des passions, ainsi que l'absence de jugement explicite de la narratrice, qui expliquent les débats occasionnés par la publication de l'œuvre. Tout en suscitant un engouement important, le roman donne en effet lieu à de nombreuses discussions dans les salons littéraires de l'époque, et le Mercure Galant, un mensuel très apprécié par l'aristocratie mondaine, va jusqu'à proposer à ses lecteurs une « question galante » autour de la scène de l'aveu, que l'on peut résumer en ces termes : est-il vraisemblable qu'une princesse avoue à son mari sa passion pour un autre homme ? Le journal reçoit de nombreuses réponses, qui sont publiées dans les numéros suivants. Et les lecteurs sont loin d'être d'accord entre eux ! Le philosophe Fontenelle trouve l'aveu de la princesse « admirable et très bien préparé », tandis que Bussy-Rabutin, le cousin de Mme de Sévigné, juge le passage « extravagant » et même « ridicule » (lettre de Bussy-Rabutin du 29 juin 1678). Le débat, loin de se tarir, continue de s'enrichir au fil des publications critiques : Georges Forestier, dans un article publié en 1980 dans les Lettres romanes, est ainsi le premier

Ne pas hésiter à s'appuyer sur des éléments contextuels précis pour justifier un argument.

Les références critiques ne sont pas obligatoires, mais elles peuvent être bienvenues !

à mettre en évidence l'importance cruciale du personnage de Mme de Chartres, tandis que Jean Rousset insiste, dans Forme et Signification (1995), sur l'importance des récits enchâssés dans le roman. Dans le prolongement de l'œuvre, on peut enfin souligner la diversité des adaptations cinématographiques qui sont proposées depuis un demi-siècle : en 1961, le film de Jean Delannoy, reprenant le titre du roman, se focalise sur la passion impossible de la princesse et du duc, tandis que le film de Manoel de Oliveira, La Lettre (1999) transpose le roman dans le Paris bourgeois du XXe siècle, et fait du duc de Nemours un chanteur pop à la mode... Enfin, le film de Christophe Honoré, La Belle Personne (2008), est situé dans un lycée des beaux quartiers de la capitale, et suit la relation trouble qui se noue entre un professeur d'italien et une de ses élèves. Ces variations cinématographiques mettent rétroactivement en évidence la richesse du roman, ouvert à de multiples relectures.

Loin de délivrer une leçon définitive sur les passions, le roman de Mme de Lafayette nous invite à poursuivre une réflexion personnelle sur ce motif.

Une ouverture aux adaptations cinématographiques de l'œuvre, notamment en fin de devoir, est, elle aussi, bienvenue !

10e ÉTAPE Rédiger la conclusion

- La conclusion doit procéder à un bilan de ce qui a été vu, en revenant clairement au problème posé au départ, et en montrant que la réflexion a progressé.
- Il est bon de terminer la conclusion par une ouverture, afin de souligner que la réflexion peut se poursuivre…
- Il faut la présenter en un seul paragraphe.

Réponse à la problématique en synthétisant rapidement les parties de la dissertation

S'il est indéniable que La Princesse de Clèves est marquée par une vision pessimiste des passions humaines, associées à la perte de contrôle de soi, à la souffrance et même à la mort, le roman ne disqualifie pas pour autant ce type de sentiments. L'expérience de la passion fait en effet partie intégrante de notre condition, et elle est par ailleurs associée à un processus d'introspection conduisant le sujet à se découvrir lui-même. Enfin, le roman ne nous délivre aucune leçon sur les passions, et la narratrice, très discrète, se garde de tout jugement explicite sur ses personnages.

Ouverture

Ce qui laisse ouverte la possibilité de relectures et d'interprétations multiples, comme le montrent les différentes adaptations de l'œuvre pour le cinéma. On peut notamment songer au film de Christophe Honoré, La Belle Personne (2008), qui transpose l'action du roman dans le cadre d'un lycée parisien au XXe siècle.

SUJET 2 → **En vous appuyant sur votre connaissance de *La Princesse de Clèves* et des autres textes étudiés dans le cadre du parcours associé, vous vous demanderez quel rôle peut jouer la représentation de l'Histoire dans une œuvre littéraire.**

A Exemple d'introduction rédigée

Il est courant de présenter La Princesse de Clèves comme le premier roman d'analyse moderne. Pourtant, cette œuvre publiée anonymement en 1678 laisse également une place importante à l'évocation précise de la fin du règne d'Henri II. On peut ainsi se demander quel rôle joue la représentation de l'Histoire dans le roman de Mme de Lafayette, ainsi que dans d'autres œuvres du parcours associé. À première vue, il paraît en effet étonnant qu'une œuvre à ce point centrée sur l'analyse d'une passion amoureuse contrariée puisse s'accompagner de la représentation d'événements liés à la vie publique et à la conduite d'un royaume. Pourtant, à l'âge classique, on présente couramment l'Histoire comme le théâtre des passions humaines, ce qui permet de souligner les liens entre les grands événements d'une époque et les passions de ceux s'y sont illustrés. Dans quelle mesure la représentation d'une passion fictive peut-elle ainsi se nourrir de la représentation de l'Histoire ? Nous montrerons que le roman de Mme de Lafayette est effectivement situé dans un cadre historique précisément délimité, avant de souligner que cette présence de l'Histoire est mise au service de la progression de l'intrigue. Finalement, nous verrons que l'Histoire est surtout un cadre, voire un théâtre qui permet de mettre en valeur la violence des passions.

Accroche

Reprise du **sujet**

Explicitation du sujet et rappel des enjeux de l'œuvre étudiée en lien avec le sujet.

Problématique

Annonce du **plan**

B Proposition de plan détaillé

I. Une œuvre située dans un cadre historique précis

1. La vogue de la nouvelle historique à partir de 1660 (→ voir le contexte culturel, p. 10).

2. De multiples références à des événements précis de l'Histoire, et une chronologie rigoureuse (→ voir les thèmes de l'œuvre : La représentation de l'Histoire, « Une chronologie précise », p. 27)

→ Ouverture possible à *L'Éducation sentimentale*, roman également situé dans un cadre historique précis (1840-1868).

3. Les sources historiques et le travail de documentation de Mme de Lafayette (→ voir les thèmes de l'œuvre : La représentation de l'Histoire, « Un roman historique ? », p. 28).

→ S'interroger sur les raisons qui ont pu motiver Mme de Lafayette dans le choix de ce moment précis de l'Histoire de France.

II. Une représentation de l'Histoire mise au service des intérêts de la fiction

1. Des personnages magnifiés par leur inscription dans un cadre historique prestigieux, et par leur fréquentation quotidienne de la famille royale.

→ Exemple du projet de mariage du duc de Nemours avec la reine Élisabeth d'Angleterre.

2. L'Histoire mise au service de la progression de la fiction

→ Rappeler que la rencontre de la princesse de Clèves (personnage fictif !) et du duc de Nemours (inspiré par un personnage historique), coïncide avec un événement historique précisément daté, le mariage de Claude de France, la fille cadette du roi, avec le duc de Lorraine.

3. Une prise de liberté cependant

➜ Il n'existe pourtant aucun asservissement de l'auteur au matériau historique dont elle se sert (➜ voir les thèmes de l'œuvre : La représentation de l'Histoire, « Un roman historique ? », p. 28).

➜ L'Histoire est par ailleurs nettement moins présente dans la dernière partie du roman, qui souligne le désir croissant de retraite du personnage éponyme.

III. L'Histoire comme théâtre des passions

1. La représentation de l'Histoire se nourrit, dans ce roman, d'une peinture détaillée de la cour des Valois.

➜ Exemple de la galerie de portraits qui ouvre l'œuvre, qui permet de poser le cadre de l'intrigue et de souligner le faste de cette cour.

2. La cour d'Henri II est cependant le royaume des apparences et des faux-semblants, ce qui conduit les personnages historiques comme les personnages fictifs à la dissimulation de leurs sentiments. (➜ Voir le thème 2 du parcours : *Les Caractères*, Jean de La Bruyère, p. 38. Cet exemple souligne lui aussi l'hypocrisie et les faux-semblants à la cour.)

3. La représentation de l'Histoire et la peinture de la cour font finalement ressortir le tragique de certaines destinées et le caractère destructeur des passions.

➜ Revenir sur l'épisode de la mort brutale d'Henri II, fait historique précisément documenté et repris à la fin de la troisième partie du roman. Cette mort s'accompagne d'un assombrissement général du roman.

C Exemple de conclusion rédigée

Réponse à la problématique

La Princesse de Clèves est un roman ancré dans un contexte historique précis, et la progression de l'œuvre s'appuie dans l'ensemble sur une chronologie rigoureuse. Cependant, la peinture de l'Histoire n'est pas une fin en soi pour Mme de Lafayette. L'Histoire est au contraire mise au service de la fiction, et l'auteur ne s'interdit pas de prendre des libertés dans le traitement du matériau historique, ce qui a pu lui être reproché au XVIIe siècle. Finalement, la représentation de l'Histoire, qui s'enrichit d'une peinture précise de la vie à la cour des Valois, permet surtout de souligner la précarité des destinées humaines, notamment lorsqu'elles sont la proie de passions violentes.

Ouverture

On notera pour terminer que cet ancrage de l'œuvre dans un contexte historique précis n'a pas retenu l'attention de tous les cinéastes qui ont transposé l'œuvre à l'écran : le film de Manoel de Oliveira, tout comme celui de Christophe Honoré, déplacent l'intrigue dans un cadre contemporain.

SUJET 3

**Selon l'écrivain tchèque Milan Kundera, « l'esprit du roman est l'esprit de complexité » (*L'Art du roman*, 1986).
Vous commenterez et discuterez ces propos, en vous fondant sur votre lecture de Mme de Lafayette ainsi que des autres auteurs étudiés dans le cadre du parcours associé.**

A Exemple d'introduction rédigée

Contrairement à la nouvelle ou au récit, le roman met souvent en scène un grand nombre de personnages, que l'on suit au fil d'une intrigue longue et complexe, qui peut d'ailleurs s'enrichir de plusieurs intrigues secondaires. Volontiers foisonnant, s'autorisant des développements parfois remarquablement longs, le genre romanesque s'accompagne par ailleurs souvent d'une analyse approfondie du caractère et des sentiments des personnages principaux. C'est sans doute ce qui conduit le romancier tchèque Milan Kundera à déclarer, dans L'Art du roman (1986) que « l'esprit du roman est l'esprit de complexité ». La notion de complexité, qui se trouve au cœur du propos de l'auteur, est très ouverte : dans son acception commune, elle fait référence à un entrecroisement d'éléments, à une pluralité d'aspects difficiles à saisir d'un seul mouvement par l'esprit. Le roman aurait ainsi partie liée avec le composé, l'intrication, voire l'enchevêtrement. La formule « esprit de complexité » suggère par ailleurs que cette complexité est inhérente à la conception même du genre romanesque, à l'idée générale qui préside à l'élaboration de ce type d'œuvres. On oppose ainsi couramment « l'esprit et la lettre » : la lettre d'un texte correspond à son sens littéral, au sens qui

Accroche

Rappel du **sujet**

Explicitation du sujet

La dissertation

apparaît de manière évidente ; l'esprit d'un texte est son orientation d'ensemble, l'intention de l'auteur que le lecteur doit décrypter. Il conviendra ainsi de se demander dans quelle mesure la formule de Milan Kundera peut s'appliquer à La Princesse de Clèves, roman effectivement centré sur l'analyse d'une passion complexe entre deux êtres. Nous verrons dans un premier moment que le roman de Mme de Lafayette met l'accent sur la complexité et la profondeur des passions éprouvées par les personnages de son œuvre, avant de souligner que les destinées de ces personnages conservent malgré tout une dimension emblématique qui en facilite l'appréhension. Nous montrerons enfin qu'il existe une tension entre l'esprit de ce roman, caractérisé par une volonté de mettre au jour la complexité de la destinée humaine, et sa lettre, marquée quant à elle par le choix d'une grande simplicité.

Problématique → se demander dans quelle mesure…

Annonce du **plan** → dans un premier moment…

B Proposition de plan détaillé

I. La complexité des passions humaines

1. Une œuvre qui met en scène une grande diversité de passions.

➜ L'écrivain Jean-Michel Delacomptée, dans son essai intitulé *Passions*, qualifie *La Princesse de Clèves* de « roman de tous les amours » : amour conjugal, amour adultérin, amour de la gloire, du pouvoir, de la vertu, etc. Ces différents types de passions sont toujours vécus avec intensité par les personnages, ce qui donne évidemment lieu à des tensions et des phénomènes d'intrication.

2. L'analyse détaillée des conflits intimes, notamment chez le personnage éponyme, participe de cette complexité.

→ Les soliloques de la princesse sont de plus en plus développés, à mesure que le personnage prend conscience de la force de ses sentiments, et de l'impossibilité de les concilier avec son devoir (→ voir les thèmes de l'œuvre : L'analyse de soi, p. 25).

3. Cette analyse subtile des passions se nourrit par ailleurs de la présence d'un arrière-plan historique très riche, qui se caractérise également par sa complexité.

→ Se reporter à l'évocation détaillée des réseaux d'alliance et des rivalités à la cour des Valois. Le lecteur contemporain doit disposer de repères et de notes explicatives sur cette période de l'Histoire s'il veut comprendre toutes les allusions de l'œuvre (→ voir les thèmes de l'œuvre : La représentation de l'Histoire, p. 27).

II. Des destinées emblématiques malgré tout, et une condamnation manifeste des passions

1. La reprise de schémas traditionnels

→ La relation triangulaire qui s'établit entre les personnages principaux (le mari, la femme, l'amant) s'inscrit dans une tradition ancienne, bien connue des lecteurs.

→ Le resserrement de l'œuvre sur une durée très courte (environ une année), et la progression linéaire de l'intrigue, qui s'articule autour de quelques moments décisifs, rappellent par ailleurs l'organisation traditionnelle d'une tragédie.

2. Des personnages emblématiques

→ Bien que singularisés par la passion qu'ils éprouvent, les personnages de l'œuvre de Mme de Lafayette connaissent une destinée emblématique. Les personnages secondaires comme le vidame de Chartres ou la reine dauphine correspondent quant à eux à des types, et leur présentation se révèle plus sommaire.

3. Une œuvre clairement marquée par le pessimisme augustinien

→ Enfin, malgré sa richesse et sa complexité, l'œuvre est manifestement sous-tendue par une vision négative des passions, qui se nourrit du pessimisme augustinien (→ voir les thèmes de l'œuvre : Les désordres de la passion, « L'influence du jansénisme », p. 25). Les échos que l'on peut trouver à cette conception dans des textes de la même époque facilitent notre compréhension du roman (→ voir le thème 3 du parcours : *Maximes*, La Rochefoucauld, p. 41, et *Phèdre*, Racine, p. 42).

III. « L'esprit du roman » et la lettre du texte

1. Une œuvre inépuisable et pourtant remarquablement concentrée

→ Rappeler tout ce qui distingue *La Princesse de Clèves* du roman baroque, volontiers foisonnant et éloigné de toute vraisemblance. Mme de Lafayette elle-même ne présente pas son œuvre comme un roman, mais simplement comme une « histoire » ou des « mémoires ». À certains égards, l'œuvre se rapproche également du genre de la nouvelle historique (→ voir le contexte culturel, p. 10).

2. Un style remarquablement épuré, qui contraste avec les ornements et la profusion du roman précieux.

→ Souligner que dans sa « lettre », dans son écriture même, Mme de Lafayette fait le choix d'une grande sobriété, qui rappelle « l'effet de sourdine » que le stylisticien Léo Spitzer étudiait dans les tragédies de Racine (→ voir le contexte culturel, « Développement d'une esthétique de la mesure et de la sobriété », p. 10).

3. Une œuvre dont « l'auteur n'a pu se résoudre à se déclarer » (avertissement de l'éditeur).

→ La position de retrait de l'auteur par rapport à son œuvre, ainsi que la discrétion de la narratrice, qui s'abstient de juger ses personnages, ajoutent à ce contraste entre « l'esprit de complexité » du roman et le caractère remarquablement épuré de sa présentation (→ voir *La Princesse de Clèves* dans l'histoire littéraire, « Une publication anonyme », p. 12).

C Exemple de conclusion rédigée

Mme de Lafayette met indéniablement l'accent sur la complexité des passions dans son roman, en accordant notamment une place importante à l'analyse des conflits intimes qui minent le personnage éponyme. Les destinées du prince de Clèves, de la princesse et du duc de Nemours n'en conservent pas moins une dimension emblématique qui facilite leur appréhension, d'autant que les influences qui nourrissent le roman sur un plan spirituel et intellectuel sont aisément repérables. Il existe finalement un contraste frappant entre « l'esprit du roman », marqué par une grande finesse et une profondeur d'analyse évidente, et le style très épuré du roman. Sans doute est-ce ce qui a valu à La Princesse de Clèves l'admiration des plus grands romanciers des siècles suivants, parmi lesquels Stendhal et Proust.

Réponse à la problématique

Ouverture

La dissertation

1 Méthodologie pour lire à voix haute

A Articuler et contrôler son débit

• Ne lisez pas trop vite ! Vous devez au contraire prendre le temps d'articuler les mots du texte, pour rendre la lecture parfaitement intelligible. Marquez des pauses dans votre lecture en vous appuyant sur la ponctuation de l'extrait : il faut régulièrement « reprendre son souffle », non seulement à la fin de chaque phrase, mais aussi à la faveur des doubles points et des points-virgules.

• De plus, il est important de s'entraîner à lire à haute voix les extraits que vous avez à préparer, en repérant les mots sur lesquels vous risquez de buter.

• Dans l'*incipit* du roman, vous pouvez par exemple **vous exercer à lire** le mot « magnificence » et repérer l'emploi du subjonctif plus-que-parfait « eût commencé », peu usité à l'oral, et qui peut ainsi vous surprendre. Repérez également les noms propres et les titres des personnages, pour les **articuler avec netteté**.

> « La magnificence et la galanterie n'ont jamais paru en France avec tant d'éclat que dans les dernières années du règne de Henri second. Ce prince était galant, bien fait, et amoureux : quoique sa passion pour Diane de Poitiers, duchesse de Valentinois, eût commencé il y avait plus de vingt ans, elle n'en était pas moins violente, et il n'en donnait pas des témoignages moins éclatants. »

B Adapter le ton

• La tonalité du texte se rapproche souvent de la tonalité de la chronique historique, caractérisée par sa **neutralité apparente**, sa **recherche d'objectivité**. Néanmoins, derrière cette neutralité, une certaine **ironie** est parfois perceptible, et on peut la faire entendre discrètement à la lecture.

• Dans l'*incipit*, le commentaire qui concerne le choix des parures de la duchesse de Valentinois est ainsi très **critique**. La narratrice suggère en effet l'indécence de la favorite : malgré son âge avancé, elle continue de s'habiller comme une jeune fille, afin d'attirer les regards vers elle.

Ce passage peut être lu sur un ton moins neutre, qui signalerait l'ironie. Une pause marquée (//) après la première virgule permettrait également d'insister sur l'écart de deux générations entre les personnages.

> « […] elle paraissait elle-même avec tous les ajustements que pouvait avoir mademoiselle de la Marck, (//) sa petite-fille, qui était alors à marier. »

C Faire vivre les dialogues

- *La Princesse de Clèves* comporte peu de dialogues et de passages au discours direct. Le cas échéant, on pourra cependant faire entendre la voix des différents personnages à la lecture, le passage de l'un à l'autre, en modifiant l'inflexion de sa propre voix. Il s'agit avant tout de rendre perceptible le **caractère** et les **émotions des personnages**.
- Ainsi, dans le passage suivant, lorsque la narratrice rapporte au discours direct les pensées de Mme de Clèves, on pourra faire entendre les doutes et le trouble qui assaillent la princesse à la suite d'un moment passé avec le duc :

> « Elle trouva qu'il était presque impossible qu'elle pût être contente de sa passion ; "mais quand je le pourrais être, disait-elle, qu'en veux-je faire : veux-je la souffrir, veux-je y répondre ? Veux-je m'engager dans une galanterie, veux-je manquer à monsieur de Clèves, veux-je me manquer à moi-même ?" »

- L'enchaînement rapide de plusieurs questions montre à quel point la princesse est ici troublée, et on prendra soin de marquer un contraste entre la voix de la narratrice et la voix du personnage. On fera également entendre les parallélismes de construction et l'anaphore de « veux-je… ? », qui soulignent à quel point la volonté de la jeune femme est instable.

2 L'explication linéaire

Étymologie du verbe « expliquer »

Dans son sens premier, *explicare* signifie en latin déployer et dérouler, ce verbe renvoyant notamment au geste accompli lorsque l'on déroule une étoffe, pour en révéler les motifs ainsi que la beauté.

• L'explication linéaire d'un texte est une explication qui suit le mouvement du passage, tout en construisant progressivement une interprétation. *Expliquer* un texte, c'est le déplier avec soin pour le donner à voir dans toutes ses dimensions ; c'est le déployer pour faire observer la richesse du travail sur le matériau langagier dont il a fait l'objet.

• Par ailleurs, expliquer le sens d'un texte, c'est aussi retrouver le mouvement qui le traverse et qui conduit le lecteur de la première à la dernière ligne du passage.

→ Présenter et situer le passage

• Cette première étape doit présenter, de manière concise, **les informations nécessaires à la compréhension du passage retenu.** Cette amorce est aussi l'occasion de caractériser le texte à étudier, notamment en fonction de son appartenance générique et des registres dans lesquels il s'inscrit. Cette caractérisation minimale oriente toute l'analyse qui va suivre.

→ Lire le texte à voix haute

• **Prêter sa voix au texte** constitue déjà une première interprétation, au sens musical du terme, traduisant (ou non...) une certaine intelligence du texte.

• **On s'appliquera alors à poser sa voix,** à reprendre régulièrement son souffle grâce à la ponctuation, et à trouver un bon rythme de lecture. Sur ce dernier point, il ne faut pas craindre de prendre son temps, de laisser le texte « respirer » tout en se donnant la possibilité de le savourer... La lecture n'en sera que plus expressive, même si elle ne doit pas verser dans la déclamation ou l'exagération des procédés. Tout est ici affaire de nuances...

→ Préciser la composition de l'extrait

• À la suite de la lecture du texte, il convient d'en **indiquer la progression, le mouvement**, termes qu'il faut préférer à la notion de « découpage » : le texte doit conserver son intégrité, et non être tronçonné, disséqué. Cette étape doit permettre d'indiquer comment le texte progresse vers un terme qui n'est souvent que provisoire. Il s'agit donc d'**étudier une dynamique**, en s'interrogeant notamment sur l'effet produit par la « chute » (autrement dit, les derniers mots) du texte.

→ Indiquer son projet de lecture et son plan

- L'annonce du projet de lecture, en fin d'introduction, est un moment stratégique. Elle permet de **formuler une hypothèse de lecture** qui constituera le fil directeur de l'ensemble de l'analyse ultérieure. Ce projet de lecture n'a de valeur que s'il est parfaitement **adapté à la singularité de l'extrait proposé**, et on évitera ainsi les problématiques passe-partout qui ne posent en réalité aucun problème précis, comme « quelles sont les caractéristiques de ce passage ? », ou « dans quelle mesure ce texte relève-t-il du genre romanesque ? », etc.
- L'introduction se termine par **l'annonce du plan** qui va être suivi au cours de l'analyse linéaire, ce plan étant ajusté aux différents mouvements du texte repérés précédemment.

→ Procéder à l'analyse du texte, en suivant son mouvement

- Vient ensuite l'analyse détaillée du passage. Celle-ci doit **épouser le mouvement du texte,** l'accompagner dans sa progression, et non segmenter le passage en petites unités qui font l'objet de commentaires ponctuels, sans lien les uns avec les autres.
- Deux écueils principaux sont à éviter dans le corps de l'explication : d'une part celui de la paraphrase, qui répète le texte sans parvenir à rendre compte de son mouvement ou des faits littéraires qui le caractérisent (« ligne 1, l'auteur dit que, puis il souligne que… »), et d'autre part celui de la pure description grammaticale et formelle du passage. Un relevé de figures de style, fût-il savant et juste, ne constitue pas une explication, un déploiement du sens du texte.

- Tel détail du texte pourra retenir votre attention, et il ne faut pas hésiter à **scruter l'extrait de près**, à se mettre en quête du « petit quelque chose » qui vous permettra de relancer l'analyse.

→ Respecter le temps de parole accordé

- Insistons enfin sur la nécessité d'utiliser au mieux le temps de parole autorisé pour cet exercice. Il faut **veiller à un bon équilibre des remarques au fil du texte**, et éviter les accélérations foudroyantes de débit en fin de parcours...

→ Conclure

- La conclusion doit proposer une **synthèse des analyses précédentes** et récapituler de manière efficace l'explication. C'est à ce moment-là qu'il faut **revenir au projet de lecture** formulé en introduction pour y répondre. Cette étape doit mettre en évidence un **progrès de la réflexion**... et en même temps ne pas la refermer totalement.

- Des **prolongements**, des **échos** dans le reste de l'œuvre peuvent terminer l'explication. Des ouvertures à d'autres textes ou à d'autres formes d'art sont bien sûr possibles, voire souhaitables, à condition d'avoir un lien avec l'extrait présenté.

EXPLICATION LINÉAIRE 1

Incipit, de « La magnificence et la galanterie » à « François premier, son père ».

La magnificence et la galanterie n'ont jamais paru en France avec tant d'éclat que dans les dernières années du règne de Henri second. Ce prince était galant, bien fait, et amoureux : quoique sa passion pour Diane de Poitiers, duchesse de Valentinois, eût commencé il y avait plus de vingt ans, elle n'en était pas moins violente, et il n'en donnait pas des témoignages moins éclatants.

Comme il réussissait admirablement dans tous les exercices du corps, il en faisait une de ses plus grandes occupations : c'était tous les jours des parties de chasse et de paume, des ballets, des courses de bagues, ou de semblables divertissements. Les couleurs et les chiffres de madame de Valentinois paraissaient partout, et elle paraissait elle-même avec tous les ajustements que pouvait avoir mademoiselle de la Marck, sa petite-fille, qui était alors à marier.

La présence de la reine autorisait la sienne : cette princesse était belle, quoiqu'elle eût passé la première jeunesse ; elle aimait la grandeur, la magnificence, et les plaisirs. Le roi l'avait épousée lorsqu'il était encore duc d'Orléans, et qu'il avait pour aîné le dauphin, qui mourut à Tournon ; prince que sa naissance et ses grandes qualités destinaient à remplir dignement la place du roi François premier, son père.

A Présentation du passage et projet de lecture

→ Présentation et situation de l'extrait

- Le passage étudié se situe à l'ouverture de *La Princesse de Clèves*, roman publié anonymement en 1678. Cet *incipit* amorce une présentation développée de la cour du roi Henri II en 1558, présentation qui se prolonge durant les pages suivantes à la faveur d'une riche galerie de portraits. Le personnage principal de l'œuvre n'apparaîtra que dans un second temps, au moment de son arrivée à la cour.

Incipit
Mot latin qui signifie « ici commence ». Début d'un récit.

- Les vingt premières lignes du texte se focalisent plus précisément sur l'évocation du faste de la cour, dont la vie est rythmée par de brillantes fêtes. Dans le même temps, Mme de Lafayette présente au lecteur trois figures historiques de premier plan : le roi Henri II, sa favorite la duchesse de Valentinois et enfin la reine, Catherine de Médicis, selon un ordre qu'il conviendra d'interroger.

→ Composition de l'extrait

• L'*incipit* de l'œuvre de Mme de Lafayette se compose de trois mouvements équilibrés, qui s'inscrivent dans une progression claire, allant d'un tableau en apparence idéalisé de la cour à une présentation plus critique de la figure d'Henri II.

• Dans un premier temps, qui correspond au premier paragraphe du texte, l'auteur souligne l'éclat qui caractérise la cour des Valois, et présente en quelques mots le roi, à travers la relation passionnée qui l'unit à sa favorite. Puis, dans un deuxième paragraphe, Mme de Lafayette se concentre sur les divertissements que le roi organise quotidiennement à la cour, et revient à cette occasion sur la passion d'Henri II pour sa maîtresse. Enfin, le dernier temps du texte présente au lecteur la reine et rappelle les circonstances de son mariage avec Henri II.

→ **Problématique : On pourra se demander comment cet *incipit*, qui retarde la présentation des personnages principaux, joue avec les attentes du lecteur et attise sa curiosité en mettant l'accent sur l'ambivalence de la cour.** En effet, Mme de Lafayette suggère à travers de nombreux indices que le tableau en apparence idéalisé de la cour dissimule une réalité plus sombre.

→ Plan de l'explication

• Nous montrerons que cette présentation inaugurale de la cour des Valois se caractérise par son ambivalence, en nous concentrant tout d'abord sur la présentation du moment historique de l'intrigue, qui inclut un bref portrait du roi, avant de nous arrêter sur l'évocation des divertissements qui rythment la vie des courtisans. Nous terminerons notre analyse en nous intéressant à la présentation de la reine, qui permet à l'auteur de revenir sur la jeunesse du roi par le biais d'une brève analepse.

B Analyse linéaire

→ Premier mouvement

Le texte

La magnificence et la galanterie n'ont jamais paru en France avec tant d'éclat que dans les dernières années du règne de Henri second. Ce prince était **galant**, **bien fait**, et **amoureux** : **quoique sa passion pour Diane de Poitiers, duchesse de Valentinois, eût commencé il y avait plus de vingt ans**, elle n'en était pas moins violente, et il n'en donnait pas des témoignages moins éclatants.

1er mouvement

Présentation d'un moment historique précis, et premier portrait du roi.

Analyse du premier mouvement

- Les deux substantifs coordonnés qui ouvrent le passage sont en apparence très mélioratifs. Ils soulignent le faste et l'élégance des manières propres à cette cour, qui porterait à un point de perfection le raffinement déjà recherché par le père d'Henri II, François Ier. Cet éloge apparent est renforcé par une négation partielle et un complément de manière, dont l'intensif est caractéristique de ce que l'on appelle une rhétorique du haut degré. La grandeur, la richesse et l'élégance de la cour sont ainsi mises en valeur, mais le recours au passé composé de l'indicatif suggère immédiatement qu'il s'agit là d'une époque révolue.
- La fin de la phrase situe en tout cas cette présentation dans une époque précise : la fin du règne d'Henri II. Par la suite, d'autres indices nous permettront de dater encore plus précisément ce moment, et de comprendre que l'œuvre s'ouvre en novembre 1558. Contrairement aux romans baroques de la première moitié du siècle, situés dans une antiquité idéalisée et peu soucieuse de vérité historique, l'œuvre de Mme de Lafayette prend donc pour cadre une période relativement récente de l'histoire pour les lecteurs de l'époque, bien que ces derniers ne puissent l'avoir directement connue.
- Henri II, monté sur le trône en 1547, accentue la recherche du faste et de l'élégance à la cour entreprise par son père François 1er. Il est sur le point de signer un

Mélioratif

Se dit d'un terme qui a une connotation favorable, qui présente une chose ou un être de manière avantageuse. Contraire de *péjoratif*.

traité de paix qui mettra un terme aux longues guerres d'Italie qui ont marqué les dernières décennies : la fin de son règne s'accompagne donc d'une période de relative stabilité politique, avant l'éclatement des guerres de religion qui ensanglanteront les décennies suivantes.

- La phrase suivante amorce le portrait du roi. Trois qualificatifs en position d'attributs permettent de préciser les qualités principales du roi ; cette **suite ternaire** met en valeur le dernier terme, du reste plus long que les précédents. La référence au caractère « galant » du prince fait bien entendu écho à l'évocation de la « galanterie » de la cour, à la première ligne du texte. Ce mot « galanterie », polysémique, peut s'employer pour désigner la politesse et l'élégance des manières d'une personne ou d'un milieu, mais il se réfère également à la recherche des aventures amoureuses, notamment en dehors des liens du mariage.

- Mettre immédiatement l'accent sur la « galanterie » de la cour et de son principal représentant suggère que les relations adultérines y occupent une place importante. Le qualificatif au centre de l'énumération ternaire met l'accent sur les qualités physiques du roi, sans rentrer dans le détail de son portrait. Le dernier adjectif souligne qu'il se définit également (et peut-être surtout...) par la relation qu'il entretient avec un objet extérieur à lui-même. Finalement, si ces trois qualités peuvent à première vue sembler positives, on peut noter que ce ne sont pas celles que le lecteur attend en priorité dans la présentation d'un souverain.

- La deuxième partie de la phrase, à la suite du double point, confirme cette interprétation critique de l'adjectif « amoureux » : la **proposition concessive** ouverte par la conjonction de subordination « quoique » introduit en effet une nuance importante par rapport à ce qui vient d'être dit. L'amour d'Henri II est certes une « passion », mais cette passion est immédiatement associée à la violence, donc à un excès condamnable, et la **négation totale** suivie du **comparatif d'infériorité** « elle **n'**en était **pas moins** violente » contribue à renforcer ce point. Dans la dernière proposition, la référence aux « témoignages », autrement dit aux marques publiques que donne le roi de ses sentiments, est également soulignée par cette tournure syntaxique.

Le mot « prince »

Le terme « prince » qui ouvre cette deuxième phrase doit être pris dans son sens étymologique : le prince est le *princeps*, ce qui signifie en latin celui qui occupe la première place, en l'occurrence celui qui détient la souveraineté.

Polysémie

Un terme polysémique possède plusieurs sens.

• L'objet de cette passion est nommé et le titre que le roi lui a octroyé en 1548 est précisé, afin d'asseoir la position de Diane à la cour. La narratrice prend soin de rappeler que cette passion remonte à la jeunesse d'Henri II. Cette référence à des sentiments à la fois très marqués et étonnement durables est attestée par les historiens, qui considèrent en effet que Diane est la maîtresse d'Henri II depuis 1538. Indirectement, cette insistance sur la durée de la relation du roi et de sa favorite constitue également un rappel, pour le lecteur averti, de l'âge avancé de la duchesse de Valentinois, qui a vingt ans de plus qu'Henri II.

• La première partie du texte présente donc au lecteur le moment historique où l'intrigue va être située, tout en lui proposant un premier portrait ambivalent du roi, notamment à travers le rappel de la liaison passionnée qui l'unit à sa favorite. La reine, pour le moment, n'a fait l'objet d'aucune mention.

→ Second mouvement

Le texte

Comme il réussissait admirablement dans tous les exercices du corps, il en faisait une de ses plus grandes occupations : c'était tous les jours des parties de chasse et de paume, des ballets, des courses de bagues, ou de semblables divertissements. Les couleurs et les chiffres de madame de Valentinois paraissaient partout, et elle paraissait elle-même avec tous les ajustements que pouvait avoir mademoiselle de la Marck, sa petite-fille, qui était alors à marier.

2e mouvement
Le royaume du divertissement et de l'apparence

Analyse du second mouvement

• La deuxième partie du texte permet à Mme de Lafayette de préciser la peinture de la cour des Valois ainsi que le portrait du roi. L'accent est alors mis sur les divertissements qui rythment la vie du souverain et de ses courtisans.

• Dans la première phrase du passage, la multiplication de ces festivités est expliquée par une subordonnée causale qui revient sur les qualités physiques du roi. L'adverbe « admirablement », pris dans son sens étymologique, suggère que ces qualités physiques se

L'adverbe « admirablement »
Admirablement est formé à partir de l'adjectif *admirable*, dérivé de *mirabilis* en latin, qui signifie « étonnant à voir », « singulier pour les yeux ».

donnent volontiers à voir, qu'elles font l'objet d'une mise en spectacle qui suscite l'étonnement et l'admiration. Mais insister sur la réussite d'Henri II dans les « exercices du corps », n'est-ce pas suggérer, en creux, qu'il n'a pas autant de facilité dans les exercices de l'esprit ? Entre les lignes du texte, une critique implicite de la figure du roi se poursuit donc.

- Henri II se consacre en tout cas assidûment aux activités physiques, comme le souligne la tournure superlative dans la proposition « il en faisait une de ses plus grandes occupations ». Là encore, ce n'est pas tout à fait ce que le lecteur attend d'un souverain ! La deuxième partie de la phrase, après le présentatif à l'imparfait descriptif, donne quelques exemples de ces activités, en insistant sur leur fréquence quotidienne et leur nombre, notamment à travers l'emploi récurrent de l'article indéfini au pluriel.

- Jeux, tournois, parties de chasse et ballets se trouvent alors mis sur le même plan, toutes ces activités ayant en commun d'être éloignées de la politique et des affaires sérieuses liées à la conduite du royaume. Comme le souligne le terme qui résume et clôt cette énumération, ces activités sont des « divertissements », autrement dit des distractions, voire des passe-temps dont la liste pourrait être poursuivie.

- Le recours au terme « divertissements » fait écho à la critique, par le philosophe Pascal, de ces occupations qui nous détournent littéralement (le verbe « divertir » vient du latin *di-vertire*, détourner) de la prise de conscience de notre finitude. Mme de Lafayette, proche du courant janséniste, fait certainement allusion à cette critique pascalienne du divertissement dans notre passage.

- Dans la deuxième phrase du passage, ces activités se trouvent immédiatement rattachées à la passion du roi pour sa favorite. La référence aux « témoignages éclatants » qu'Henri II n'hésite pas à donner de son amour, en fin de premier paragraphe, se trouve illustrée de manière précise par la mention des « couleurs et des chiffres » de Diane, qu'il arbore en toute occasion. Ces symboles liés à la personne de son amante, le roi les fait « paraître partout » : il les affiche sans égard pour la reine, son épouse.

Le divertissement selon Pascal

Pour l'auteur des *Pensées*, publiées à titre posthume en 1670, le divertissement est un moyen privilégié pour l'homme d'échapper à l'inquiétude métaphysique résultant de la confrontation avec l'idée de sa mort.

• La reprise du verbe « paraître » insiste sur la place occupée par les apparences dans cette cour où il s'agit avant tout de se faire voir. C'est la duchesse de Valentinois qui est cette fois sujet du verbe « paraître », et la fin de la phrase est effectivement consacrée aux parures et aux atours qu'elle privilégie pour se montrer à la cour.

• Mme de Lafayette termine ce paragraphe par une notation particulièrement critique : les « ajustements » choisis par la duchesse sont les mêmes que ceux que sa petite-fille, en âge d'être mariée, a l'habitude de porter. Cela souligne non seulement que Diane de Poitiers est grand-mère d'une jeune fille, mais aussi (et c'est encore plus perfide !), qu'elle a l'indécence de se vêtir comme si elle était encore elle-même une jeune fille… ce qu'elle n'est plus depuis longtemps.

• La référence au nom de « mademoiselle de la Marck » confirme l'ancrage de l'intrigue dans un cadre historique précis, comprenant des références à des figures qui ont effectivement existé.

→ Troisième mouvement

Le texte

> La présence de la reine autorisait la sienne : cette princesse était belle, quoiqu'elle eût passé la première jeunesse ; elle aimait la grandeur, la magnificence, et les plaisirs. Le roi l'avait épousée lorsqu'il était encore duc d'Orléans, et qu'il avait pour aîné le dauphin, qui mourut à Tournon ; prince que sa naissance et ses grandes qualités destinaient à remplir dignement la place du roi François premier, son père.

3e mouvement
La présentation de la reine et le retour sur la jeunesse du roi

Analyse du troisième mouvement

Enfin, le dernier paragraphe de notre extrait est consacré à la présentation de Catherine de Médicis, qui donne lieu à quelques rappels concernant la jeunesse du roi.

• La reine (dont le nom n'est quant à lui pas précisé !) apparaît seulement dans le troisième temps de notre extrait, *après* la présentation de la duchesse de Valentinois, et cet ordre du texte reflète à sa manière la perturbation introduite par l'omniprésence de la favorite à la cour. La narratrice souligne que la présence de la reine à la cour, notamment durant les divertissements organisés par le roi, permet paradoxalement à la duchesse d'y assister. La reine et la favorite en titre sont contraintes de cohabiter, sans laisser transparaître leur rivalité !

• Après le double point, la fin de la phrase esquisse un rapide portrait de l'épouse d'Henri II, en s'attachant à ses qualités physiques puis morales. La présentation physique reste minimale : un adjectif attribut très général rappelle la beauté de Catherine de Médicis, mais il est immédiatement suivi d'une subordonnée concessive qui minore cette qualité, en soulignant l'âge avancé de la reine... Une dernière proposition permet d'esquisser le portrait moral du personnage, à travers la mention de ses goûts. L'énumération qui termine alors la phrase n'est guère flatteuse pour la reine, les trois éléments mentionnés se rattachant soit au paraître, soit au divertissement.

• On notera la nouvelle mention de la « magnificence », terme qui ouvrait le roman : cette reprise confirme que la cour est associée au culte du faste et de l'apparence.

Analepse
Retour en arrière qui interrompt la progression chronologique d'un récit.

• Le paragraphe se clôt par une analepse de quelques lignes, la narratrice profitant de la référence à la reine pour opérer un bref retour sur la jeunesse du roi, et rappeler qu'Henri II n'était en principe pas destiné à régner : c'est son frère aîné, François de France, qui aurait dû monter sur le trône à la mort de son père François Ier. La mort prématurée du dauphin, en 1536, a conduit celui qui n'était que duc d'Orléans à prendre la succession de son père.

• Loin de s'en tenir à ce rappel historique, la narratrice souligne que le dauphin était pourvu de toutes les qualités nécessaires pour succéder à son père, et « remplir dignement » ses fonctions de roi ! En creux, la narratrice suggère que ces « grandes qualités » que possédait le fils aîné de François Ier sont justement celles qui font défaut à son frère cadet, essentiellement occupé à se divertir. Le passage se termine par la mention du lien qui unissait le dauphin à François Ier, « son père ». Habilement, la narratrice rappelle ici la relation privilégiée qui unissait le feu roi à son fils aîné, tandis que ses relations avec le jeune Henri semblent avoir été plus difficiles…

• Le dernier paragraphe de notre extrait confirme d'une part la place importante accordée aux figures féminines dans l'*incipit*, et d'autre part le poids des apparences dans une cour qui se présente finalement comme un décor de théâtre.

Conclusion : L'*incipit* du roman prend soin de situer l'intrigue dans un cadre historique précis, encore relativement proche des premiers lecteurs de l'œuvre. Ce cadre est éminemment prestigieux, et le goût du faste qui caractérise la cour des Valois n'est pas sans rappeler la recherche de grandeur qui caractérise le règne de Louis XIV au moment de la parution du roman.

Cependant, cette peinture en apparence très élogieuse d'une cour brillante et raffinée comporte un certain nombre de nuances qui suggèrent d'emblée que la narratrice se montre en vérité critique à l'égard du culte des apparences qui règne en ces lieux. Enfin, les personnages présentés dans cette ouverture entretiennent des relations complexes, marquées par des sentiments passionnés, éloignés de toute mesure et de toute sagesse. Le roi notamment semble asservi à une passion irrationnelle, tandis que sa favorite et la reine se retrouvent fatalement en position de rivalité. C'est dans cet univers complexe que le personnage principal, attendu par le lecteur, fera son apparition quelques pages plus loin.

C Question de grammaire

Analysez les modalités de la négation dans le premier paragraphe du texte.

> « La magnificence et la galanterie n'ont jamais paru en France avec tant d'éclat que dans les dernières années du règne de Henri second. Ce prince était galant, bien fait, et amoureux : quoique sa passion pour Diane de Poitiers, duchesse de Valentinois, eût commencé il y avait plus de vingt ans, elle n'en était pas moins violente, et il n'en donnait pas des témoignages moins éclatants. »

L'oral

• En français, on peut exprimer la négation de deux manières : soit en se servant d'un seul outil (par exemple, l'adverbe « non »), soit en recourant à un système à deux temps, autrement dit à deux outils (ne… pas / ne… plus / ne… guère, etc.).

• Dans le premier paragraphe de notre texte, on ne trouve que des négations à **deux termes**.

– La première négation est une négation partielle, qui nie seulement un élément de la phrase.

– La deuxième phrase a recours à la négation totale, à deux reprises : les deux termes de la négation (« ne » élidé en « n' », suivi de « pas ») sont suivis du comparatif d'infériorité « moins ».

On pourrait ainsi reformuler la fin du paragraphe de la manière suivante : « sa passion pour Diane de Poitiers […] était plus violente, et il en donnait des témoignages plus éclatants ».

• Dans ce passage, c'est paradoxalement par la négation que passe l'apparent éloge du règne de Henri II. Il s'agit d'un des nombreux procédés de mise en valeur utilisés par Mme de Lafayette, qui recourt dans l'ensemble du roman à un style épuré, mais très efficace.

EXPLICATION LINÉAIRE 2

La scène de bal, de « Elle passa tout le jour... » à « ... un murmure de louanges ».

Elle passa tout le jour des fiançailles chez elle à se parer, pour se trouver le soir au bal et au festin royal qui se faisaient au Louvre. Lorsqu'elle arriva, l'on admira sa beauté et sa parure. Le bal commença ; et, comme elle dansait avec monsieur de Guise, il se fit un assez grand bruit vers la porte de la salle, comme de quelqu'un qui entrait et à qui on faisait place. Madame de Clèves acheva de danser ; et, pendant qu'elle cherchait des yeux quelqu'un qu'elle avait dessein de prendre, le roi lui cria de prendre celui qui arrivait. Elle se tourna, et vit un homme qu'elle crut d'abord ne pouvoir être que monsieur de Nemours, qui passait par-dessus quelque siège pour arriver où l'on dansait. Ce prince était fait d'une sorte qu'il était difficile de n'être pas surprise de le voir, quand on ne l'avait jamais vu ; surtout ce soir-là, où le soin qu'il avait pris de se parer augmentait encore l'air brillant qui était dans sa personne : mais il était difficile aussi de voir madame de Clèves pour la première fois sans avoir un grand étonnement.

Monsieur de Nemours fut tellement surpris de sa beauté, que, lorsqu'il fut proche d'elle, et qu'elle lui fit la révérence, il ne put s'empêcher de donner des marques de son admiration. Quand ils commencèrent à danser, il s'éleva dans la salle un murmure de louanges.

A Présentation du passage et projet de lecture

→ Présentation et situation de l'extrait

- Le passage commenté se situe dans la première partie du roman, quelques mois après l'arrivée de Mlle de Chartres à la cour du roi Henri II.
- Le mariage de la jeune fille avec le prince de Clèves a eu lieu, malgré l'absence d'inclination véritable du personnage pour le prince. En février 1559, à l'occasion des fiançailles de Claude de France, la fille cadette du roi, un grand bal est donné à la cour. Toute la noblesse assiste à cet événement, avec le désir d'y paraître à

son avantage. C'est dans ce cadre prestigieux, également marqué par une certaine féerie, que la princesse de Clèves rencontre pour la première fois le duc de Nemours, réputé pour son élégance et sa galanterie.

→ Composition de l'extrait

Les premières lignes du texte sont consacrées aux préparatifs de Mme de Clèves pour le bal et à son arrivée au palais du Louvre. La princesse accorde alors une première danse au chevalier de Guise, qui est un de ses soupirants. Puis les lignes suivantes se focalisent sur l'arrivée différée du duc de Nemours, et sur sa rencontre avec Mme de Clèves. Enfin, le dernier temps du passage est consacré à la surprise éprouvée par Nemours devant l'extrême beauté de la princesse, qui est elle aussi saisie par l'apparition du duc.

→ **Problématique : On peut ainsi se demander comment Mme de Lafayette suggère dans cet extrait le caractère décisif de cette première rencontre pour la destinée des personnages, tout en mettant en évidence le poids des regards de la cour sur cette scène.**

→ Plan de l'explication

On montrera dans un premier temps que Mme de Clèves se trouve en cette soirée de bal au sommet de sa beauté, notamment en raison des préparatifs qu'elle a accomplis. Puis nous nous attarderons sur le moment de sa rencontre avec le duc de Nemours, dont l'entrée en scène a été habilement retardée, avant de montrer que cette rencontre provoque chez les deux personnages un saisissement réciproque. Cette scène préparée avec soin par la narratrice est ainsi l'occasion d'observer la naissance de la passion chez deux êtres d'exception, qui semblent prédestinés l'un à l'autre.

B Analyse linéaire

→ Premier mouvement

Le texte

> Elle passa tout le jour des fiançailles chez elle à se parer, pour se trouver le soir au bal et au festin royal qui se faisaient au Louvre. Lorsqu'elle arriva, l'on admira sa beauté et sa parure. Le bal commença […].

1er mouvement
Une jeune princesse au sommet de sa beauté

Analyse du premier mouvement

Les premières lignes du texte sont consacrées aux préparatifs de Mme de Clèves pour le bal, puis à son arrivée au Louvre.

- La cour admire l'extrême beauté de la princesse. Le recours au pronom personnel indéfini « on » permet de souligner que ce constat est unanime. La narratrice ne s'attarde cependant pas sur la toilette de Mme de Clèves, dont le raffinement et la perfection sont simplement suggérés : le mot *parure* renvoie à la fois à la toilette que porte la princesse et aux ornements, aux bijoux qui la complètent. Nous ne disposons pas non plus de détails visuels qui nous permettraient de nous représenter la scène.
- La princesse accorde une première danse au chevalier de Guise, passionnément amoureux de la jeune femme depuis plusieurs mois. Celui-ci est jaloux du prince de Clèves, et ne tardera pas à éprouver de la jalousie à l'égard de Nemours. Aucune précision n'est donnée, là encore, sur la danse accomplie par les deux jeunes gens, sur le cadre de ce bal, sur les autres invités, etc. Comme souvent, Mme de Lafayette pratique un art de l'ellipse, et suggère tout ce qui n'est pas indispensable à la progression de l'intrigue.
- Le cadre fastueux, voire féerique de ce bal rappelle certains contes de fées. Les regards se portent naturellement sur la beauté de la princesse, qui apparaît rayonnante ce soir-là. Le prince de Clèves en revanche n'est pas mentionné dans cette évocation, et son absence (du moins dans le texte) doit nous interroger.

Ellipse
Du latin *ellipsis*, « manque » : dans un récit, omission d'un ou de plusieurs éléments.

→ Deuxième mouvement

Le texte

2e mouvement
La péripétie : l'entrée en scène du duc de Nemours

> […] et, comme elle dansait avec monsieur de Guise, il se fit un assez grand bruit vers la porte de la salle, comme de quelqu'un qui entrait et à qui on faisait place. Madame de Clèves acheva de danser ; et, pendant qu'elle cherchait des yeux quelqu'un qu'elle avait dessein de prendre, le roi lui cria de prendre celui qui arrivait. Elle se tourna, et vit un homme qu'elle crut d'abord ne pouvoir être que monsieur de Nemours, qui passait par-dessus quelque siège pour arriver où l'on dansait. Ce prince était fait d'une sorte qu'il était difficile de n'être pas surprise de le voir, quand on ne l'avait jamais vu ; surtout ce soir-là, où le soin qu'il avait pris de se parer augmentait encore l'air brillant qui était dans sa personne : mais il était difficile aussi de voir madame de Clèves pour la première fois sans avoir un grand étonnement.

Analyse du second mouvement

Le deuxième mouvement du texte se focalise ensuite sur l'arrivée du duc de Nemours, et sur sa rencontre avec Mme de Clèves, les deux personnages se trouvant immédiatement placés au centre des regards de la cour.

Péripétie
Événement imprévu et décisif, qui conduit à un renversement de situation.

- L'arrivée de M. de Nemours constitue une péripétie fortement théâtralisée : le désordre que cause son apparition est à la mesure de l'importance de ce personnage et de la séduction qu'il dégage. Mme de Clèves n'est cependant pas perturbée dans sa danse avec le chevalier de Guise, car elle tourne le dos à l'entrée de la salle.

Polyptote
Reprise dans une même phrase de formes différentes d'un même mot (avec variation de temps, de mode ou de personne pour un verbe, ou variation de nombre pour un nom).

- Lorsqu'elle se retourne pour découvrir le cavalier qu'on lui impose, sa surprise est complète. On peut relever dans ces quelques lignes la forte présence du lexique de la vision, et en particulier la reprise du verbe *voir* grâce au polyptote. Il faut aussi être attentif au rôle important que joue le roi dans ce passage : il est à la fois un observateur attentif, un metteur en scène très efficace et un symbole de la destinée.
- C'est en effet sous le signe de la fatalité que la rencontre entre la princesse et le duc est placée : on notera ainsi la tournure restrictive qui souligne le caractère immédiat de la reconnaissance chez ces deux êtres d'exception qui semblent prédestinés l'un à l'autre.
- La présentation de Nemours met en évidence son aisance physique, qui lui permet de passer en un instant « par-dessus

quelque siège ». Le personnage est ainsi immédiatement associé à une certaine audace et à un dynamisme dont nous savons qu'ils font défaut au prince de Clèves.

- Le portrait de Nemours reste cependant elliptique, la narratrice recourant à la négation et à l'art de la litote pour mieux suggérer la séduction du personnage. Mais le lecteur se souvient que Nemours a été présenté quelques pages plus tôt comme « un chef-d'œuvre de la nature ».
- La référence au soin que le duc a mis à se « *parer* » pour le bal fait écho à l'ouverture du passage et aux préparatifs de la princesse. Enfin, la narratrice souligne la réciprocité du saisissement des deux personnages, en utilisant des termes très proches et des tournures syntaxiques comparables pour dire la force de cet « *étonnement* » qui frappe en même temps le duc et la princesse.

Litote
Figure de style consistant à utiliser une tournure qui atténue l'expression pour suggérer un sens beaucoup plus fort.

L'étonnement
Le sens étymologique de ce terme, très fort au XVIIe siècle, renvoie au choc, à la stupeur de celui qui est frappé par la foudre.

→ Troisième mouvement

Le texte

> Monsieur de Nemours fut tellement surpris de sa beauté, que, lorsqu'il fut proche d'elle, et qu'elle lui fit la révérence, il ne put s'empêcher de donner des marques de son admiration. Quand ils commencèrent à danser, il s'éleva dans la salle un murmure de louanges.

3e mouvement
La surprise de l'amour

Analyse du troisième mouvement

Enfin, le dernier temps du passage revient sur la surprise éprouvée par Nemours devant l'extrême beauté de la princesse.

- À l'ouverture de ce paragraphe, la tournure « tellement… que » permet de renforcer l'expression de cette surprise et de souligner, dans la proposition subordonnée consécutive, que le duc ne maîtrise plus totalement sa gestuelle et ses paroles en présence de la princesse, même si les « marques » de son trouble ne font l'objet d'aucune évocation précise. La formule « il ne put s'empêcher de » souligne en tout cas une nouvelle fois le caractère fatal de cette attraction naissante.
- La dernière phrase du passage s'inscrit dans le prolongement de l'ordre du roi de la partie précédente : le duc

et la princesse, qui n'ont pas été présentés l'un à l'autre et qui n'ont pas eu le temps d'échanger la moindre parole, exécutent une première danse, sous le regard attentif de toute la cour.

• Ce premier rapprochement suscite immédiatement une réaction de cette cour, sous la forme d'un encouragement diffus. La tournure impersonnelle suggère que cette rumeur est à la fois feutrée et largement partagée. La rumeur est certes louangeuse, mais elle peut néanmoins paraître inquiétante au lecteur, dans la mesure où elle est associée à une observation appuyée, qui laisse peu de marge de manœuvre au duc et à la princesse.

Conclusion : La première rencontre des deux protagonistes a donc lieu dans un cadre fastueux, qui n'est pas sans rappeler l'univers du conte de fées. Elle est immédiatement associée à la naissance d'une attirance très forte et mutuelle chez le duc et la princesse, mais ce « coup de foudre » est en même temps placé sous le signe de l'interdit, puisque la jeune femme vient d'épouser le prince de Clèves. Enfin, la cour joue un rôle non négligeable dans cette scène fondatrice : en se faisant le témoin attentif de ce rapprochement, elle semble obscurément le favoriser.

C Question de grammaire

À quel temps grammatical sont conjugués la plupart des verbes dans les deux premières phrases du texte ? Pourquoi, selon vous ?

> « Elle passa tout le jour des fiançailles chez elle à se parer, pour se trouver le soir au bal et au festin royal qui se faisaient au Louvre. Lorsqu'elle arriva, l'on admira sa beauté et sa parure. »

• Le passé simple de l'indicatif prédomine dans cet extrait : « passa », « arriva », « admira ». Ce temps permet d'exprimer des actions accomplies et ponctuelles, à la différence de l'imparfait qui exprime des actions qui se prolongent dans la durée (« se faisaient »).

• Dans ces quelques lignes, la multiplication des verbes au passé simple permet à l'auteur de faire progresser rapidement le récit, en se concentrant sur l'enchaînement des actions qui conduisent à la rencontre de Mme de Clèves avec Nemours.

3 L'entretien avec l'examinateur

A Conseils pour présenter une œuvre

Vous avez le choix de l'œuvre que vous présenterez le jour de l'oral. Il faut donc bien préparer cette présentation, pour ne pas simplement résumer le livre (ce n'est pas ce que l'on vous demande !).

Voici une liste de rubriques que vous pouvez compléter pour préparer votre présentation.

- **Contexte général** : qui est l'auteur / à quelle époque a-t-il vécu / quels mouvements politiques, littéraires et intellectuels dominants ont marqué sa vie et sa production ?
- **L'œuvre dans son contexte** : dans quelles conditions l'œuvre a-t-elle été créée / comment a-t-elle été reçue lors de sa publication (polémiques, censure, accueil favorable...) / à quel genre ou sous-genre littéraire appartient-elle ?
- **L'œuvre en elle-même** : quels sont les thèmes principaux / les personnages essentiels / les enjeux de l'œuvre / son actualité ?
- **Votre lecture de l'œuvre** : quelles activités d'appropriation avez-vous faites autour de l'œuvre / quels sont les passages ou les personnages qui vous ont le plus marqué, et pour quelles raisons / pourquoi et comment conseilleriez-vous à un ami de lire cette œuvre ?

B Conseils pour exprimer et justifier un point de vue

→ Utiliser les verbes d'opinion

Vous devez nuancer votre propos, en utilisant des **modalisateurs** et des verbes **d'opinion**. Voici une liste non exhaustive des verbes que vous pouvez utiliser.

Je pense que...	*J'imagine que...*
Je crois que...	*Je suppose que...*
J'estime que...	*Je me doute que...*
Je trouve que...	*Il me semble que...*

Il m'apparaît que...
À mon avis...
D'après moi...
Selon moi...
J'ai le sentiment que...
J'ai l'impression que...

→ Exprimer des émotions

Pour partager votre avis sur la lecture du roman, vous allez devoir expliquer pourquoi certains passages, personnages ou enjeux du texte vous ont touché.

Vous pouvez utiliser différentes expressions, tout en justifiant toujours votre émotion :

J'ai été touché par le personnage de Mme de Clèves lors de l'aveu, parce que...

Ce moment de tension m'a ému pour les raisons suivantes...

Les enjeux de l'œuvre, qui parle de la passion et de ses conséquences, m'intéressent beaucoup car...

Il m'a semblé que la réaction de M. de Clèves était particulièrement frappante au moment où...

→ Justifier ses choix

Vous devez toujours expliquer les raisons de votre choix, qu'il s'agisse du choix de l'œuvre ou de celui d'un passage ou d'un personnage marquant. Vous ne pouvez pas vous contenter de simplement dire « *j'ai aimé ceci* » ou « *je n'ai pas aimé cela* », vous devez expliquer **pourquoi** vous avez aimé ou pas tel personnage, tel moment de l'œuvre.

C Exemples de questions et éléments de réponses possibles

1. Pour quelles raisons avez-vous choisi cette œuvre ? En quoi vous a-t-elle touché, interrogé, marqué ?

On attend une réponse à la fois personnelle et argumentée à ce type de questions.

On peut par exemple souligner que l'analyse de la passion, dans ce roman, est très fine et poussée. Même si l'intrigue est située dans un cadre historique daté, les sentiments éprouvés par les personnages ont une dimension intemporelle et universelle. Un lecteur contemporain peut encore être marqué par la manière dont Mme de Lafayette étudie la progression des sentiments amoureux dans un cœur inexpérimenté comme celui de Mme de Clèves, au début du roman.

2. Comment comprendre l'anonymat de cette publication ?

On peut rappeler que la publication anonyme est une pratique courante au XVIIe siècle, notamment pour ce qui concerne les romans. Les aristocrates, et notamment les femmes, ne revendiquent pas le statut d'auteurs de profession, et encore moins de romanciers.

Par ailleurs, Mme de Lafayette a bénéficié de conseils et de relectures d'amis proches, comme La Rochefoucauld, ce qui là encore peut expliquer son refus de publier l'œuvre sous son seul nom.

3. Avez-vous découvert d'autres personnages d'hommes et de femmes confrontés à la passion au fil de votre année ? Dans quelle mesure vous semblent-ils faire écho au personnage de Mme de Clèves ? Ou au contraire s'en éloigner ? Pourquoi ?

On peut songer au personnage de Phèdre, éperdument amoureuse de son beau-fils Hippolyte, dans la tragédie de Racine. La pièce met l'accent sur le caractère fatal de cette attirance de la fille de Minos et de Pasiphaé pour le jeune homme, et sur les conséquences destructrices de cette passion. Cette représentation des ravages de la passion se retrouve dans le roman de Mme de Lafayette. En revanche, Mme de Clèves est un personnage tout en retenue par rapport à l'héroïne tragique de Racine : à la fin du roman, elle n'avoue au duc de Nemours sa passion que pour souligner qu'elle y a renoncé…

4. Y a-t-il, dans l'œuvre, un passage que vous appréciez particulièrement ? Pourquoi ?

On peut bien sûr apporter de nombreuses réponses à cette question ! Plusieurs scènes du roman sont particulièrement frappantes, en raison notamment de l'intensité des émotions représentées. La scène de bal, bien sûr, est essentielle, et elle a suscité un grand nombre de réécritures par la suite. C'est un magnifique exemple de

« coup de foudre », même si les regards de la cour pèsent déjà sur le destin des personnages.

La scène où Nemours épie la princesse dans son petit pavillon, à Coulommiers, est également très marquante en raison de son caractère visuel. Le désir des personnages, qui pourtant ne s'approcheront pas l'un de l'autre, est ici porté à un point d'incandescence…

Lexique

Analepse : retour en arrière qui interrompt la progression chronologique d'un récit.

Antithèse : figure de rhétorique destinée à souligner le contraste entre deux éléments opposés.

Aphorisme : proposition concise, facile à mémoriser, indiquant une vérité couramment admise.

Carte de Tendre : représentation allégorique des sentiments amoureux insérée dans le premier tome de *Clélie* (1654) de Mlle de Scudéry. Cette gravure représente un pays imaginaire, traversé par trois fleuves, qui constituent trois chemins différents pour se rendre du village de Nouvelle-Amitié à celui de Tendre.

Digression : développement qui s'écarte du motif principal d'un discours ou d'un récit.

Éponyme : qui donne son nom à quelqu'un ou quelque chose, en particulier à un ouvrage littéraire. Mme de Clèves est le personnage éponyme du roman de Mme de Lafayette.

Honnête homme : à l'époque classique, homme qui se caractérise par l'agrément de ses manières et par des qualités de sociabilité comme la politesse et le goût de la conversation.

Hyperbole : figure de style qui consiste à mettre l'accent sur une idée ou sur une chose en l'exprimant de manière exagérée, pour frapper les esprits.

Incipit **:** mot latin qui signifie « ici commence ». Début d'un récit.

Jansénisme : courant religieux, philosophique et politique qui s'appuie sur un christianisme rigoureux, inspiré d'une relecture des textes de saint Augustin (354-430), dont les principes sont récapitulés dans l'*Augustinus*, un ouvrage publié par l'évêque hollandais Jansénius en 1640. Dans cet ouvrage important, on trouve notamment l'idée que seule la grâce divine pourrait assurer le salut de l'homme, dont la nature serait définitivement entachée par le péché originel. Des auteurs comme Pascal, Racine et La Rochefoucauld sont marqués par ce courant de pensée.

Litote : figure de style consistant à utiliser une tournure qui atténue l'expression pour suggérer un sens beaucoup plus fort.

Péripétie : événement imprévu et décisif, qui conduit à un renversement de situation.

Polyptote : reprise dans une même phrase de formes différentes d'un même mot (avec variation de temps, de mode ou de personne pour un verbe, ou variation de nombre pour un nom).

Préciosité : courant intellectuel et esthétique qui se développe au XVIIe siècle dans la société mondaine.

Il s'accompagne d'une réflexion sur le raffinement des sentiments et de leur expression.

Prolepse : anticipation, effet d'annonce qui vient rompre la progression linéaire d'un récit.

Protagoniste : personnage qui agit au premier plan.

Récit enchâssé : récit secondaire qui s'intègre dans la progression d'un récit cadre ou récit enchâssant.

Soliloque : discours d'une personne qui se parle à elle-même ou qui pense tout haut.

Tragique : propre à une situation douloureuse dans laquelle un personnage est pris au piège d'une situation qui le dépasse, sans pouvoir triompher de la fatalité.
La représentation du tragique suscite crainte et pitié chez le spectateur ou le lecteur.

Réponses aux Quiz

p. 10 **1.** Louis XIV est roi de France lorsque le roman paraît en 1678. **2.** Le roman-fleuve se développe durant la première moitié du XVIIe siècle.

p. 15 **1.** Le mot « société » vient de *societas*, qui signifie association, réunion, communauté. **2.** La cour des Valois est un huis clos où tout le monde s'épie. Les intrigues, les jeux de pouvoir et les rumeurs y jouent un rôle essentiel.

p. 17 **1.** Mme de Chartres est la mère de l'héroïne, Mlle de Chartres, qui devient Mme de Clèves en épousant le prince de Clèves. **2.** La princesse rencontre le duc de Nemours à l'occasion d'un bal, organisé pour les fiançailles de Claude de France et du duc de Lorraine. **3.** Le prince de Clèves meurt de chagrin et de jalousie, persuadé que la princesse l'a trompé avec le duc de Nemours.

p. 19 **1.** Diane de Poitiers est la favorite du roi Henri II depuis une vingtaine d'années. Le roi lui a donné le titre de duchesse de Valentinois pour consolider sa position à la cour. **2.** La princesse découvre la jalousie en lisant la lettre perdue de Mme de Thémines, qu'elle pense adressée au duc de Nemours, alors qu'elle est en réalité destinée au vidame de Chartres. **3.** Le roman comprend quatre récits enchâssés.

p. 21 **1.** Les principales caractéristiques du personnage éponyme sont la vertu, la grâce et la beauté. **2.** Le prince de Clèves est doté d'une prudence particulière pour un jeune homme de son âge. **3.** Mme de Chartres meurt à la fin de la première partie du roman, peu de temps après la rencontre de sa fille et du duc.

p. 25 **1.** La rencontre de Nemours s'accompagne d'un trouble profond chez la princesse, et bientôt, de sentiments passionnés. **2.** Le vidame de Chartres est un amant inconstant, qui passe rapidement d'une conquête féminine à l'autre.

p. 26 **1.** Les soliloques conduisent Mme de Clèves à revenir sur ses sentiments et à réfléchir sur le conflit qui les oppose à son devoir. **2.** Les soliloques de la princesse sont souvent retranscrits par le biais de longues phrases, qui juxtaposent des propositions subordonnées introduites par des verbes de parole.

p. 29 **1.** Mme de Lafayette situe son roman en 1558-1559. **2.** Henri II meurt en juillet 1559 à la suite d'un tournoi où il a été blessé accidentellement à l'œil. **3.** L'inscription du roman dans une période historique précise donne plus de crédibilité à la fiction. Cela permet aussi à Mme de Lafayette de créer des effets de contrepoint avec le drame passionnel qui constitue le cœur de l'intrigue.

p. 31 **1.** Le prince de Clèves, le duc de Nemours et le vidame de Chartres se rapprochent du modèle de l'honnête homme. **2.** Le connétable de Montmorency, favori du roi, s'oppose aux Guise, qui sont soutenus par la reine Catherine de Médicis. **3.** Au cours de sa propre vie, Mme de Lafayette a fréquenté la cour de Louis XIV.

p. 34 **1.** L'honnête homme à l'âge classique se définit par l'agrément de ses manières et par des qualités de sociabilité, comme la politesse et le goût de la conversation. **2.** L'honnête homme s'efforce de se rendre agréable à ceux qui l'entourent. Il recherche avec eux l'accomplissement d'un bonheur collectif.

p. 37 **1.** La cour des Valois se caractérise au premier abord par son éclat, sa richesse et sa « magnificence ». **2.** Mais c'est aussi le royaume du mensonge et du paraître, ainsi qu'un huis clos où les rivalités sont exacerbées.

p. 41 **1.** Selon les moralistes, la raison ne peut en aucun cas permettre à l'homme de contrôler ses passions. **2.** La passion fait l'objet d'une réhabilitation progressive à partir de l'époque des Lumières.

Crédits photographiques

Couverture : Marina Vlady dans le film *La Princesse de Clèves* de Jean Delannoy, 1961. © Cinetel / Silver Films Photo Marcel Dole.

p. 4 : Portrait de Mme de Lafayette, BnF, Paris.
© BIS / Ph. Coll. Archives Larbor

p. 9 : BIS / © Archives Nathan

Conception graphique intérieur et couverture : Élise Launay

Mise en pages : STDI

Fabrication : Camille Friquet

Édition : Clémentine Coudray

MIXTE
Papier issu de sources responsables
FSC® C022030

Achevé d'imprimer en Italie en juillet 2021 par Bona
N° d'éditeur : 10275846 - Dépôt légal : Décembre 2019